KENJYU
DEN
SETSU

大橋義輝
OHASHI YOSHITERU

拳銃伝説

昭和史を撃ち抜いた一丁のモーゼルを追って

共栄書房

拳銃伝説——昭和史を撃ち抜いた一丁のモーゼルを追って◆目次

プロローグ

日本の政治史上の、一つのエポックメイキングといっていいだろう。なにしろ歴代の総理大臣が成し得なかった安保法案（安全保障関連法案）を、第九七代（九六代、九〇代も）安倍晋三は、反対の嵐のなか、半ばごり押しの如く可決・成立させたのだから。

国会前の抗議集団を見るにつけ、安倍総理は一体大丈夫だろうか――と余計な心配をしてしまう。なにしろある大学教授をして「お前は人間じゃない！　叩き斬ってやる」と物騒な発言をさせているのだから（二〇一五年八月三一日付産経新聞「国会前の集会発言集」より）。

安倍の祖父・岸信介（第五六、五七代内閣総理大臣）も六〇年代、安保反対の嵐のなか日米安保を成立させ、結果、暴漢に襲われた。幸い命を奪われることはなかったが、かように国のトップは時と場合によって危険にさらされる。これは洋の東西を問わない。たとえば、アメリカの歴史は大統領暗殺もしくは暗殺未遂の歴史、とまで言う人もいるぐらいだ。

翻って我が国の歴代総理大臣を見渡たしてもやはり、暗殺もしくは暗殺未遂の事件は少なくない。

初代総理大臣の伊藤博文は中国・ハルピンで暗殺されたし、第一九代原敬は東京駅で刺殺された。また第二〇代高橋是清、第二七代濱口雄幸、第二九代犬養毅は凶弾に倒れた。いずれにせよ、今は昔と違う。そう簡単に暗殺もしくは暗殺未遂の起る時代ではない、と一笑に付す人もいるかもしれない。

しかしである。凶事は忘れた頃にやってくる、こともあり得るのではないか。


総理暗殺と言えば、私はあの一件を思い出してしまう。

それはある公判記録を読んでいた時であった。公判記録の中の「昭和5年押第1491号ノ1」という一文に目を奪われた。これは一九三〇（昭和五）年に起きた第二七代内閣総理大臣の狙撃事件で使われた拳銃の記号名である。

この拳銃から発射された弾丸は濱口雄幸の腹部に命中。その後、濱口は亡くなった。拳銃の種類は、モーゼル式八連発拳銃という。おそらく、事件の発生年から考慮して、これはモーゼル社の代表的な拳銃、モーゼルC96だろう。ピストルとしては大型の部類だがグリップは小さく、手の小さいアジア人向けと言われている。

なぜ私がこの拳銃に関心をもったのか。とくに銃器マニアでもない。というより、刀剣や拳銃類にはとんと関心がない。なのに目を奪われたのは、このモーゼルが若き日の経験を思い出させたからだった。

まだ三〇歳前後のころだ。当時、私はある週刊誌の編集部に勤務していたのだが、常に時間に追われ事件の取材で肉体的にも精神的にも疲弊した時期であった。そんな状況を見た上層部は、事件記者から小説担当に配置転換をしてくれた。事件記者に比べれば、小説の担当はラクである。もっとも締め切りを守らない作家先生だと、ラクではないだろう。場合によっては作家宅へ泊まり込み、原稿の出来るのを待たねばならない。

ある日、私は新しい小説の連載を依頼するため、編集長とともに東京郊外の作家邸を訪ねた。

依頼する作家は、締め切りをキチンと守る森村誠一氏であった。美しい奥さんの打ったそばを頂いた後に、森村氏がこう口を開いた。

「今度の小説の主人公は、一丁の拳銃です。一丁の拳銃を巡って次々と人間ドラマが展開します。拳銃が狂言回しになるんです」

タイトルは『異型の白昼』に決まり、連載は約一年間続いた――この若き日の記憶が、モーゼルへの〝ひっかかり〟となったのだ。

そして「昭和5年押第1491号ノ1」の拳銃を調べてみると、雄幸狙撃の一年前、別の人物を殺害していることを知った。被害者は、「男装の麗人」あるいは「東洋のマタ・ハリ」と言われた川島芳子の実弟であり清国の皇族、粛親王の第一八王子であった。

この事実を知ったとき、単なるひっかかりを超えて、森村氏とコンビを組んだ小説のテーマと、モーゼル式八連発拳銃が重なり合うのを感じた。この拳銃には何かある――私はそれを、どうしても追い求めたくなったのだ。

だが、ドキュメンタリーは小説とは違う。事実だけを追い駆けねばならない。その拳銃が役割を終えたのは一九三〇年。八〇年以上の月日が経っている。生き証人はほとんど鬼籍に入っているだろう。しかし私は、拳銃の履歴を追跡するだけでなく、このモーゼル式八連発拳銃がもたらす波紋の数々を発掘してみたいと思ったのである。歴史に折り畳まれた襞に潜む新たなドキュメントが存在しているかもしれないのだ。

こうして私は、ドイツ製のモーゼル式八連発拳銃を軸とした歴史の闇に一歩一歩突き進んで行った。拳銃は一体どんな事情でいなかる人の手に渡ったのか。拳銃がもたらす波紋にどんなドラマが潜んでいるのだろうか。

追跡を進めていくと、そこには息を飲むドキュメントの数々が見え隠れしていた。

第1章　総理狙撃

濱口雄幸遭難現場にて

開業一〇〇年を迎えた東京駅は一日で約一〇〇万人の乗降客があるという。それだけにラッシュ時は凄まじい。誰もが顔をこわばらせて慌ただしい。

駅構内一階のとある場所に私は立って、行き交う人の波を見ていた。人の波は通勤客ばかりではなく、外国人観光客の姿も目立つ。来たる二〇二〇年のオリンピック開催国ということもあって、日本の人気が高まっているせいだろう。

私の立つ場所には、太い円柱があった。この円柱に横長の額が嵌め込まれ、以下の文字が記されてあった。

昭和5年11月14日午前8時58分、内閣総理大臣濱口雄幸は、岡山県下の陸軍特別大演習参観のため、午前9時発の特急「つばめ」号の1等車に向かってプラットホームを歩いていた。このとき、一発の銃声がおこり濱口首相は腹部をおさえてうずくまった。かけつけた医師の手によって応急手当が加えられ、東京帝国大学付属病院で手術を受け、一時は快方に向かったが翌昭和6年8月26日死去した。犯人は、立憲民政党の濱口内閣が、ロンドン条約批准問題などで軍部の圧力に抵抗したことに不満を抱き、凶行におよんだものといわれている。

私の立っている場所は第二七代内閣総理大臣、濱口雄幸が狙撃された現場のそばであった。八四年前と同じ一一月一四日、しかも同じ金曜日であった。

拳銃の発射された時刻は刻々と近づいている。濱口総理が腹部を狙撃される瞬間……。時刻は八時五八分を指した。

「パーン」という銃声が私の耳に木霊する。するとスローモーションのように、髭をたくわえた総理がゆっくりと崩れ落ちる。そんな映像が脳裏に浮かんだ。私はその場でしばし黙祷した。

うっすらと目を開けて周囲を見渡してみると、誰一人としてこの現場に視線を寄せる者

東京駅の濱口雄幸狙撃現場にあるプレート

はいなかった。歴史を無視するかのように、ひたすら先を急ぐ人たちばかりであった。いや無視ではない。この一大事件を知る人は、今ではきわめて少ないのだ。

東京駅で襲われた総理大臣は、一九代総理の原敬以来九年ぶり二人目であった。原敬も一一月（四日）の金曜日に襲われている。「駅」で襲撃された日本の総理は、初代の伊藤博文（中国・ハルピン駅で暗殺）を含めると濱口雄幸で三人目のことであった。

狙撃犯の手記及び公判記録をまじえて事件を振り返ることしよう。

「驚くほど落ち着いていた」

一九三〇年一一月一四日金曜日――。

男は朝七時に起床した。身支度を整えて永田町二丁目の葵ホテル一五号室を出発したのは、午前七時半頃であった。久留米絣《がすり》に黒の袴、草履《ぞうり》ばき姿である。背丈は五尺一寸、つまり約一五四センチ。ずいぶんと小柄である。もっともこの小柄というのが、なかなか曲者である。周囲に威圧感を与えないから小回りが利き、人の目をすり抜ける効果があるかもしれない。小柄だが体躯はがっしりとしていた。鰓《えら》が張り目はやや吊り上がり鋭い。

ホテルを出た男は、最寄りの市電に乗った。目指すは東京駅だ。この日の東京地方は「北寄りの風で晴れたり曇ったり」と当時の新聞が伝えている。

男の懐には〝例のもの〟が入っていた。市電の中でも男は例のものを握りしめていたに違いない。「葵ホテル第一七号室内ノ入口ヨリ直グ右ノ隅ニアル本箱ノ一番上ノ向ッテ左側ノ抽斗ニ蔵置保管セルモーゼル式八連発拳銃」と公判記録にある通り、男は靴べら付の鍵を使って出発直前に抽斗《ひきだし》から拳銃を持ち出した。鍵の在りかは同志の青年部長・松木良勝から事前に「一七号室のデスクの上」と聞かされていた。

葵ホテルの一五号と一七号室は愛国社の事務所であった。愛国社とは右寄りの思想の団体で、大陸浪人・岩田愛之助が主宰していた。

岩田は、一九一三年九月五日に赤坂霊南坂で外務省局長を暗殺した事件で逮捕され、時の人となった。もっとも直接手を下したわけではない。直接手を下したのは、部下の一九歳と二二歳の若者であった。外務省局長の自宅前が凶行現場となった。事件の四日後、一九歳の若者は弁護士宅で割腹自殺をしてしまった。岩田は殺人教唆《きょうさ》の罪で無期懲役となったが、恩赦でその後釈放された。そして一九二八年、愛国社を結成し、事務所を葵ホテル内に置いたのだった。

現在、葵ホテルは存在しない。跡地を探索してみたのだが、首相官邸のたび重なる拡張により敷地は吸収されているようだった。恐らくホテルからは皇居が一望され、素晴らしい景色を眺めることができたと思われる。

葵ホテルを出発した男は市電を使い、現在の六本木通りを東へ進み桜田通りから日比谷公園のわきを抜けて馬場先門、二重橋を通過して東京駅前で下車したと思われる。そして徒歩で駅へ向かったのだ。

久留米絣に黒の袴をはいた男の目的はただ一つ。時の総理、濱口雄幸をモーゼル式八連発拳銃で殺《や》ることであった。

男は拳銃の試し撃ち、すなわち暗殺リハーサルを事前に行っていたという。

目黒不動の境内をつつむ漆黒の闇をツン裂いて鋭い金属音が起った。掌《てのひら》に残されたブローニング銃（筆者注：モーゼル式八連発拳銃のこと）が弾丸を発射するさいの強烈な衝撃は、私が明日という日に決行しようとしている〝計画〟が一分の狂いもなく実行されるという確信を私に感じさせるにじゅうぶんだった。「必ず成功させてみせる……」私は自ら説くようにつぶやいた。

と男は後に手記に記している。

さらに男は総理の行動を細かくチェックしていた。

決行のチャンスを見いだすため、鎌倉の濱口首相別邸をたずねること三度、あとをつけて首相護衛の状態を、つぶさに頭に刻み込んだ。九月（筆者注：一九三〇年）、首相が岡山の大演習視察のため、東京駅を出発すると言う情報を入手し、好機到来と雀躍したが、その視察旅行には、宮さまがご同行と知り、計画は断念せざるをえなかった。

そしてついにこの日を迎えたのだった。

男は東京駅の丸の内改札口から構内へ入った。時刻は午前八時三〇分頃。階段を昇り、四番線ホームに出た。ホームには中折れ帽子を被った人たちが大勢いた。

濱口総理も中折れ帽子を被り、右手にステッキを持っていた。メガネをかけて口ひげを蓄えている様は、さながらライオンの如く威厳に満ちている。このためライオン宰相と言われていた。

東京駅四番線ホームにいつもより大勢の人がいたのは、ライオン宰相をひと目見ようという人ばかりではなかった。ロシアに赴任する廣田弘毅大使（後に三二代総理大臣）を見送る一団もいたからだった。当然のことながら、多数のマスコミ関係者も押し掛けていた。


テロ遂行を目前にして私は自分でも驚くほど落ち着いていた。丸の内口から階段を上がってホームで待機していた。周囲は私の存在にまったく気づかなかったようだ。予定時刻になっても首相一行はなかなか現れなかった。（ホームを間違えたのかな）という不安が脳裏をかすめた。

ホームを間違えたわけではなかった。「驚くほど落ち着いていた」とはいうものの緊張していたのだろう、したがって待機時間が長く感じたに違いない。

事件発生の瞬間

一方、濱口総理の周りには、秘書官の中島弥団次をはじめ、塩崎護衛警部補、瀬川巡査、五十嵐巡査、中村高等主任らがしっかりとガードを固めていた。将棋で言えば、王将を金銀で固めた矢倉模様の堅固さだった、といえる。

なかでもガッシリとした体躯の秘書官・中島は、ぴったりと総理に寄り添っていた。この中島、永田町界隈ではつとに有名な男だった。それは、あるピストル事件に由来する。

一九二九年夏、内閣総理大臣となった濱口は「強く正しく明るい政治」というスローガンを掲げて、たちまち国民的人気を博した。が、やがて官吏減俸問題が政権を揺さぶる。官吏減俸問題とは、官吏の俸給を一割カットするというもの。これは当時の大蔵大臣・井上準之助の提案であった。濱口総理はこの提案をそのまま受け入れたが、司法関係を中心に猛反発が起こる。俸給を一方的にカットするのは違法であるというわけだ。

この結果、提案を撤回するかどうかで総理と大蔵大臣の会談が行われた。会談中、多くのマスコミは官邸に押し掛けた。すると秘書官の中島は、牛若丸を守る弁慶のごとく立ちふさがり、マスコミの連中を前にしてこう言ったという。

「私を信用してください。命をかけても撤回（著者注：官吏減俸案）させますよ。これが証拠だ」と言うなり、なんと中島は懐からピストルを取り出し、天井と床下にめがけて数発発射したのだった。当時は現代のようにＳＰ（セキュリティ・ポリス）の存在がなかったので、秘書官が総理を守るためにピストルを所持していたようだ。

それにしても官邸内での発砲は前代未聞の出来事であった。中島はその夜、濱口に辞表を提出した。だが、濱口総理は、軽率な行動をたしなめたものの辞表を受理せずに破り捨てた。主君を守る心意気が、この非常識な行動をねじ伏せたわけだ。これは総理だけではなく国民の心をも動かしたのだろう。なぜなら次回の総選挙で、中島は出馬しトップ当選を果たしたからだ。

このようになかなか男気のある秘書官、中島にガードされた総理一行は、特急「つばめ」号の一等車両に近づきつつあった。折しも濱口総理の上半身には朝日が射していたという。

濱口首相が警護の憲兵隊らと共にゆっくりした足取りで、私のいる方に近づいてきた。反射的に私は首相と対峙するかっこうで、距離を縮めるため歩をすすめた。……

距離が三メートル。(ここなら絶対!)と判断するや、私は袖の下からブローニング銃(著者注:モーゼル式八連発拳銃)を抜き、間髪を入れずに引き金を引く——。猛然たる爆音がホームにとどろいた。黒煙のたちこめるむこうで、首相がグラリと傾き前かがみに倒れるのを見た。この二、三秒が恐ろしく長い時間に感じられた。私は命中したことを確信し、拳銃を構えた姿勢で佇立していた。一瞬、自分が真空状態に放り込まれたようだった。

と男は手記で述懐している。

ここでお断りしておくが、この男の手記は凶行から四一年後に書かれたものである(一九七一年『潮』一一月号より)。したがって事実と多少の差異があるのは仕方がない。その一つが、「猛然たる爆音」という表現である。

目撃者の談話が残っている。この目撃者の手記は事件一週間後のもの。

「幽《かす》かなパンという音が響いた。特別に注意を惹くような音ではなかった。マグネシウムの爆音くらいと聞き流していたからだ」

ここで言うマグネシウムとは、カメラのシャッターを切るときにストロボをたく際の〝ボンッ〟という音のこと。「猛然たる爆音」と「幽かなパン」という音は、月とすっぽん

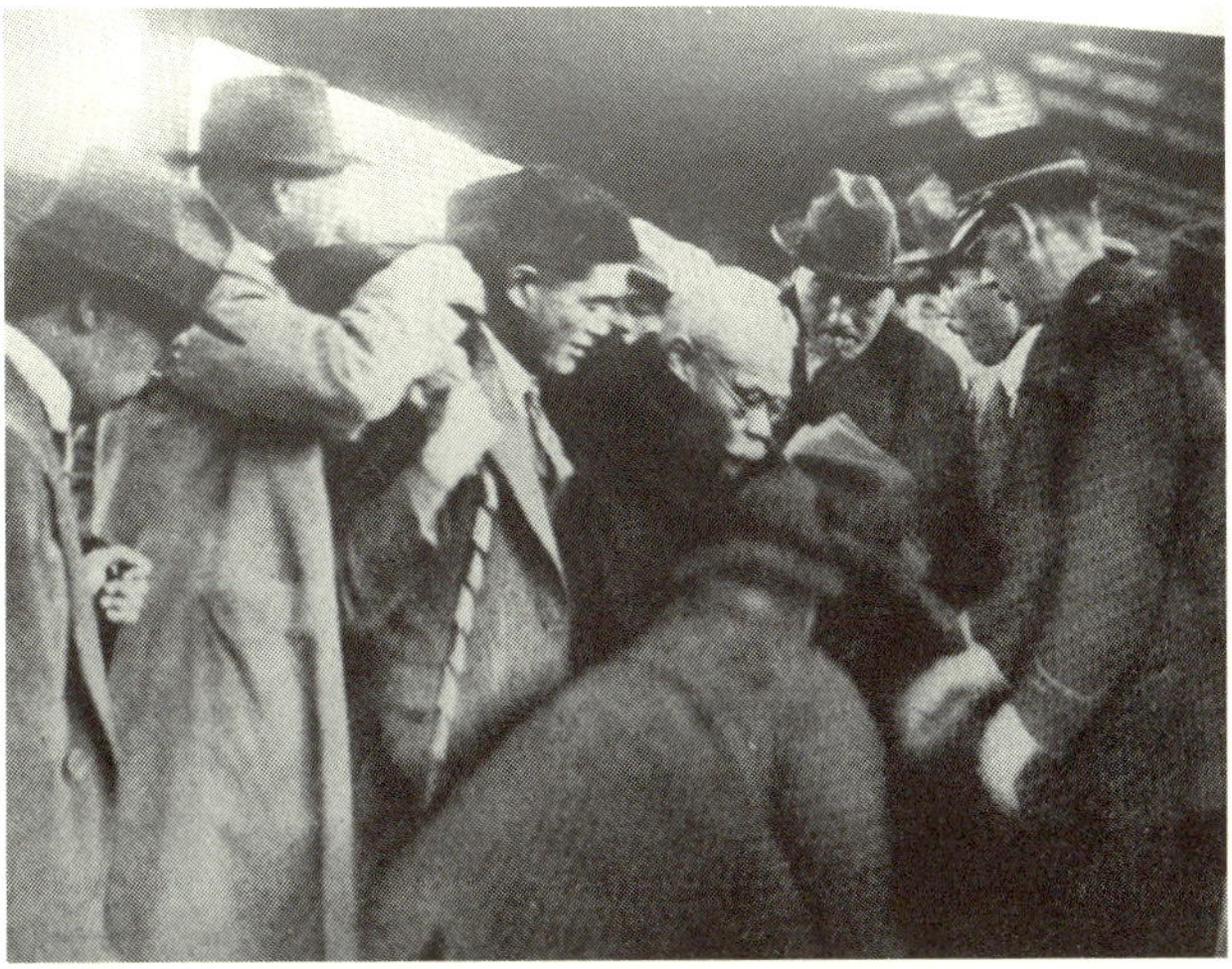

狙撃直後の濱口雄幸（中央）

ほどの違いである。どちらが事実に近いのか。男は、自らの行動をまるで映画のワンシーンのように美化し、正義のために悪をやっつけた英雄の如く、己の過去をカッコよく見せているのかもしれぬ。

目撃者の談話を続けてみよう。


濱口の歩みが停まった。手で下腹部を押さえたまま両膝から崩れた。中島秘書官はとっさに首相のわき下に両手を差し入れて抱え上げるようにした。「やられましたか」と叫んだ。すると首相は、「やられた！」たちまち顔色は蒼白になっていく。駅の貴賓室に抱え込む。

（一九三〇年一一月一三日号「濱口首相の

（「遭難を目撃して」＝『週刊朝日』より）

もう一人の目撃者の談話をみてみよう。この目撃者は総理警護隊の一人。

突然耳のそばでドンと一発大きな音がしたので、新聞社の写真班がマグネシウムをたいたものと思いながら（略）横を見ると木綿の茶縞の羽織に袴をはいた一人の壮漢が顔面蒼白となってピストルの銃口を首相にめがけていたのです。（略）私は無我夢中に犯人の右腕に抱きつきました。部下の姉崎巡査も飛び出してきて犯人をねじあげて捕まえました。犯人を捕らえながら首相の方を見ますと首相は一言も発せずにホームの上に倒れ込むように坐り込まれました。

（中村高等主任談）

この中村高等主任は日比谷署に所属していた。髭を蓄えて、犯人を捕らえて自慢げな写真が事件翌日の新聞に掲載されている。

ところが、厳密に言えば犯人に最初にアタックしたのは別の人間であった。ここに公判記録があるので一部引用してみる。話すのは麹町憲兵分隊勤務の上等兵、丸山敏治である。

一発射撃セラレタルヲ以テ自分ハ犯人ニ飛付キ其手ヨリ拳銃ヲ奪ヒ直ニ報告ノ為メ憲兵分隊ニ馳付ケ分隊長立会ノ上ニテ右拳銃ヲ調査シタルトコロ尚残弾五発カ弾倉内ニ収リ居リ

男からモーゼル式八連発拳銃を奪ったのは、丸山敏治であった。むろん、丸山上等兵に続いて中村高等主任や総理の警護にあたっていた巡査たちが、次々と男に飛びかかっていったのだろう。さながらラグビーでボールを捕獲する選手たちの如く。しかし拳銃を奪い取ったのは中村高等主任ではなかった。時が経ち公判記録でようやく事実関係が明らかになったワケだ。

いずれにせよモーゼル式八連発拳銃は発射されて、時の総理大臣、濱口雄幸の腹部に命中した。目黒不動尊境内での暗殺リハーサル効果は十分発揮されたのだ。

狙撃された本人の手記も残されているので紹介しておこう。

群衆の中の一人の袖の下から異様なものが動いて「ビシン」と云う音がしたと思うた一刹那、余《よ》の下腹部に異常な激動を感じた。其の激動は普通の疼痛と云うべきものではなく、恰も「ステッキ」位の物体を大きな力で下腹部の押し込まれた様な感じがした。それと同時に「うむ、殺《や》ったナ」と云う頭の閃きと「殺《や》られるには少し早いナ」と云うことが忽焉《こつえん》として頭に浮んだ。（略）次第次第に容態が只ならぬ様になり、発声さへ、呼吸さへ困難になって来たので、ここに余《よ》はいよいよ死を決した。それでも「男子の本懐」と言うた時には未だ多少の元気があり、言語さへ明瞭であったが、いよいよ万事休すと観念し安心してしまって、かねて愛誦して居た碧巌録第五一則の（略）結句「夜深同看千巌雪」を口吟した時は、低声で傍人には明瞭に聞き取れなかったと云うことである。

（「随感録」より抜粋）

総理狙撃のニュースは日本だけではなく世界中に打電された。当然のことながら日本では号外が飛び交った。ラジオのある家庭も少ない時代である。情報を知るには号外と新聞しかなかった。号外の一部を見てみよう。

〜東京駅頭、壮漢
濱口首相を狙撃す〜
犯人はその場で逮捕

容態危険

（昭和五年一一月一四日付『大阪毎日新聞』）

号外は一号、二号、三号と続報するほどの大ニュースとなった。

アメリカのニューヨーク・タイムズ紙はどう事件を報道したのか。国会図書館のマイクロフィルムでチェックすると、一面の見出しに、

〜日本の総理狙撃される〜

〜犯人は狂信的な男〜

と出ていた。一面といっても記事は小さく写真は出ていなかった。二面に濱口総理の顔写真が小さく掲載されているだけだった。

イギリスの一流新聞、ザ・タイムズ紙の扱いはもっと小さかった。一一面に記事が、一六面に濱口総理の顔写真が載っているのを見つけた。ヨーロッパでは当時、日本の認知度などまだまだ低かったのだろう。

狙撃犯・佐郷屋留雄という男

男はあっけなく逮捕された。佐郷屋留雄、当時二三歳であった。ここでお断りしておくが、実名を出したのは釈放後も事件を隠すことなく、たびたび実名でマスコミに登場していた経緯があるからである。ただし、釈放後は名前を改名し「留雄」から「嘉昭」としていた。

佐郷屋は日比谷署に連行され取り調べを受けた。当時の取り調べはかなり手荒いものだったらしい。佐郷屋自身の手記によると、「拷問の連続だ。右耳の鼓膜を破られ、体じゅう傷だらけとなった。拷問は、背後関係を自白させるためだった」と、真偽のほどは定かではないものの、苛烈な様子が記されている。

佐郷屋留雄という男はどんな人物であったのか。当時の新聞報道によると、「犯人は長崎県人」とある。これは佐郷屋の本籍が長崎県東彼杵《そのぎ》郡であるからで、ほとんどこの地では過ごしていない。実際は中国吉林省の生まれで地元の日本人学校を卒業している。実母は芸者で、実父は土木請負業だった。両親は正式な結婚をしていない。したがって佐郷屋というのは母親の姓なのである。三歳の時に母と別れて以後、父に連れられて大陸を転々、不遇な環境で育てられている。
佐郷屋が逮捕された時、新聞は「感激し易く凶暴、少年時代からの浮浪者（警視庁発表）」なる見出しを付けた。これを読む限り、一般大衆は「ああ、やっぱり」とか「なるほど」とヘンに納得してしまう。狙撃犯は悪者の素地十分というワケである。
しかし少年が好き好んで浮浪者になったわけではない。両親が早くに別居していたためであり、やむを得なかったわけである。佐郷屋自身も両親への情はきわめて希薄であった。その証拠は公判記録（昭和六年一一月三日公判記録）で読み取れる。

裁判官　父親は生きているのか！
佐郷屋　知りません。
裁判官　母親は？
佐郷屋　母は私が一六の時に死にました。

じつに素っ気ない。答えているというより、言葉を吐き捨てているようだ。実際はこの時、実父は長野県で生きていた。なんでもボランティアで、手に負えない少年たちを預かり更生させていたらしく、地元の住民たちから尊敬されていたらしい。この少年たちの一人が長じて佐郷屋の知遇を得て、後にまるで兄弟のような関係になっている事実があり、これについては後述する。

ところで、新聞は佐郷屋を「感激し易く凶暴」と報道しているが、これは総理狙撃事件の数か月前に傷害事件を起こしていることにもとづいているようだ。傷害事件は赤坂区（現、港区）田町のレストランで起きた。佐郷屋の仲間が何らかのトラブルに巻き込まれ、殴る蹴るの暴行を受けたのを聞きつけて激怒。棍棒を持参して昼どきの中華レストランに乗り込み、相手を叩きのめして二週間の怪我を負わせたのだった。相手というのは同じ右翼団体、黒龍会に所属するいわば同志であった。つまり内輪もめ。店の通報により駆け付けた表町警察署員に佐郷屋は現行犯逮捕されてしまった。

この傷害事件により佐郷屋は黒龍会を脱退した。この黒龍会のメンバーは後日、モーゼル八連発拳銃で脅かされて頭《こうべ》を垂れひれ伏し、白旗を挙げるエピソードがある。つまり例の拳銃と大いに関わりがあるのだ。

佐郷屋は黒龍会を辞めたのち、愛国社の門を叩いた。昭和五年七月のことであった。佐郷屋は我が強かったせいか、黒龍会の前に所属していた白狼会でも仲間とうまくいかずに辞めている。ちなみにこの白狼会は北一輝門下の辰川龍之介が主宰する団体であった。

当時、愛国社に入るには人物審査が行われていた。この時代、愛国社に入りたいという若者は多かった。失業率も高く食うためにこの種の団体に職（？）を求めたのかもしれない。なにしろ中小企業の倒産や税の滞納者の財産没収は珍しくなく、それどころか農村では小作人たちが僅かな金で娘を売って借金の返済に充てたりと、今では考えられぬことが平然と行われていた時代であった。

佐郷屋を面談したのは、青年部長の松木良勝だ。「（佐郷屋は）酒がのめないそうだが、どうですか」と主宰者の岩田愛之助に訊くと、「目が普通人と異なっているね。置いてもいいよ」と応えたという。岩田はこの若者に気骨を感じたのであろう。気骨とは、「命を賭してやる根性」のこと。多くの若者が愛国社の門を叩いてくるが、ほとんど気骨のないものばかりで、岩田は少々ウンザリ気味であったらしい。かつて赤坂霊南坂で外務省局長を暗殺した部下のイメージを重ねていたのかもしれない。

佐郷屋と松木

こうして佐郷屋は愛国社の一員となり、松木良勝宅に同居することになった。松木宅は木造二階建て。一階が三間、二階が二間だった。ここには愛国社の連中が数人住んでいた。

松木良勝の人物について少し触れておく。

松木の両親は、なかなかスゴイ人だった。父・良助は山形県梨郷村出身、陸軍中尉で退官した。引き続き参謀本部付となり、シャム方面の任務に就いていた。シャムとは現在のタイのこと。明治二九年のことであった。シャムでは住民からの信望が厚く「現代の長政」と言われたとか。山田長政は江戸時代前期の一六一二年に朱印船で長崎から台湾を経由してシャムに渡り、東南アジアで活躍した人物である。スペイン艦隊の二度にわたるアユタヤ侵攻をいずれも退けた功績によりアユタヤ王朝の国王の信任を得て、シャムの王女と結婚したと言われている。一六三〇年、戦闘中に足を負傷し内部対立の日本人によって傷口に毒入り軟膏を塗られて死亡したと伝えられている。伝説的な山田長政と違って、松木の父は殺されることもなく、この時代の平均寿命をまっとうした（大正五年に五八歳で死亡）。

一方、松木の母は御茶ノ水女子師範（現、お茶ノ水女子大学）を卒業後、ドイツに留学した。明治二三年のこと。この時代に外国留学する女性はほとんどいなかった。帰国後、日本女性としては我が国最初の校長（東京女学館、東京女高師、静岡県三島高女、静岡英和高女）になったという。

このような両親を持った松木は、青山学院から日大法科を卒業した。つまり松木は佐郷屋と異なり、かなり恵まれた家庭環境で育っているのである。であるから、恵まれぬ生い立ちを知った松木は何かと佐郷屋を気にかけ、たとえば袴の穿き方や作法を教えた。独身で九つ年上である松木は、佐郷屋にとって兄貴のような存在であったのだろう。

さて、彼らの不平不満の矛先は政府の要人であった。松木は佐郷屋を連れて各地の抗議集会に出かけている。そして松木は佐郷屋にこう言ったという。

「あれではいつまでたってもイタチごっこじゃないか。我々で濱口をやろうか」

すると佐郷屋は、きっぱりと「僕がやります」と応えたという。

一審判決で佐郷屋は死刑。松木良勝は殺人幇助罪で懲役一三年。岩田愛之助は銃砲火薬類取締違反で四か月の懲役であった。が、三人は直ちに控訴した。

控訴審判決では、佐郷屋は死刑のまま。松木は懲役八年。岩田は罰金刑（二五〇円）だった。さらに上告したが、原審の科刑を維持した。

結局、恩赦に次ぐ恩赦で減刑されて、佐郷屋は一〇年後に出所したのだった。

さて、事件の現場に戻ろう。

銃弾を腹部に受けた濱口雄幸総理は、秘書官の中島に抱えられて駅長室へ運ばれた。緊急に駆けつけた鉄道病院の平田医師によって応急手当がほどこされた。この際、濱口は「男子の本懐である。時間は何時だ？」と聞いたという。このセリフを受け、作家の城山三郎が雄幸の人間像を小説にしたのが名作『男子の本懐』である。

東京駅からさほど遠くない日本勧業銀行に勤務していた総理の次男、巌根（当時三四歳、後に日本長期信用銀行の設立者で頭取）が駆けつけた。むろん総理の妻・夏子も連絡を受けて東京駅に急行した。次男から一五〇ccの輸血を受けた総理はその後、寝台自動車で東京帝国大学付属病院へ運ばれた。

一方、モーゼル式八連発拳銃は弾倉内に五発の弾丸を残したまま麹町憲兵分隊の上等兵、丸山敏治の手から上司の分隊長へ渡り、それから日比谷署の中村主任を経由して警視庁へ移管された。

裁判が済むまでの争訟期間は、証拠物件として裁判中たびたび提出しなくてはならない。ビニールがまだ流通していなかった頃だから、代わりに白い木綿袋に入れて「総理狙撃の拳銃」（公判中の記号は【昭和5年押第1491号ノ1】）と墨書されて警視庁内に厳重に保管されたものと思われる。

モーゼル式八連発拳銃は、ドイツのモーゼル社製。モーゼル社はモーゼル兄弟によって一八九五年に設立された銃器メーカーで、ワルサー社と並ぶドイツの老舗である。第一次世界大戦での敗戦後、ドイツでは拳銃の製造が禁止されたが、ヨーロッパ諸国や中国ではモーゼル社の拳銃は優秀と評判であった。このため秘かに拳銃は造られたという。

この拳銃は大半が中国大陸に渡ったといわれている。グリップは手の小さなアジア人向けともいわれ、日中戦線で日本軍が大量に接収したこともあり、日本にも相当な数が流れ込んだとされている。その一つが巡り巡って佐郷屋の手に渡り、時の総理を狙撃したのだった。

このモーゼル式八連発拳銃を溯って、拳銃による波紋をさらに追ってみると、驚くべき事実が露呈されてくるのだった。

第2章　遺体鑑定人、表と裏の顔

雄幸、一命をとりとめる

濱口総理への輸血は合計三回行われた。次男の他に秘書官の中島が二回行っている。中島は四〇〇ccの輸血を主君のために提供していた。

濱口総理の診察は、塩田広重博士と真鍋主治医が担当した。緊急手術をしたのは、塩田博士である。以下の剖検記録は少々読み難いが、後々重要になってくるのでご容赦いただきたい。

弾丸は臍下約二センチの部位に於いて皮膚に指頭大の損傷を残して腹壁を貫き腹腔内に於いては空腸を五か所に於いて貫通し即ち十孔を作り、又空腸間膜及びS字状部結腸間膜各一か所貫き、その際腸間膜血管を損傷し、腹腔内に出血を来し更に左側後壁腹膜を貫き、腹膜と小骨盤壁との間を過ぎ、この際架子状筋その他を傷つけ（略）遺留せる弾丸は一個にして左股関節髀臼縁の上後内方に於いてその尖端を後下方に向けて存す

という損傷であった。

手術は成功し、総理は一命をとりとめた。けれど総理の暗殺（未遂）という一大事件を防ぎきれなかったことで、時の警視総監・丸山鶴吉は責任を感じて内務大臣へ辞表を提出したのである。九年前の一九二一年一一月四日に第一九代総理の原敬が、この東京駅で暗殺されているのだ。同じ轍を踏むとは一体、警備体制はどうなっていたのか、と咎められたのである。

しかし内務大臣は辞表を受理しなかった。濱口総理本人が、「特別な警備体制をとる必要はない。ふだんのままでいい」と言っていたからだ。

一国の総理が倒れたことで、宮内庁からもお見舞いの菊花五鉢が下賜され病室に届けられた。もっとも菊花鉢の贈り主が天皇陛下と知れば、総理はいたく恐縮し、熱でも上昇すれば大変と、中島秘書官らは病室の隣の控室に鉢を置いた。命に別状はないものの、数日

間は微熱が続いていたからである。ちなみに菊花五鉢というのは、お見舞いの最高ランクらしい。

狙撃されてから約三か月後、担当医の塩田博士の意見書には、「幸い心配せられたる合併症を起こすことなく完全に治癒せり、腹部柔軟圧痛なし、歩行ほとんど自由なり、股関節運動障害なし」と記されている。

濱口が入院中、総理代行は外務大臣の幣原喜重郎がつとめた。狙撃後、濱口が総理に復帰するのは、翌一九三一年三月一〇日のことであった。衆議院に登院した濱口は、こう挨拶した。

諸君、私不慮の遭難のため時局多事の折柄数か月の間国務を離るるの已むなきに至りました。今日まで諸君と相見えて共に国政を議することの能わなかったことは私の頗《すこぶ》る遺憾とする所であります。由来健康も次第に回復いたし昨日を以て幣原首相臨時代理の任を解かれ同時に自ら総理大臣の職務に当たることとなったのであります。ここにご報告方々特に一言申上げる次第であります。

これを受けて対峙する政友会の犬養毅総裁が起ち上がり、こう口を開いた。

私は総理大臣に対して一言御慰労を申し上げたいと存じます。昨年不慮の御遭難以来長い間御病床にあられて御無聊《ぶりょう》の有様は実に御同情に堪えませぬ。密かに痛心いたしておりましたが幸いに健康を回復せられて今日ここに御出席なされて自ら国事に当たられるということに接しまして私共欣快に堪えませぬ。謹んで御慰労申し上げます。健康をこの上御快復せられんことを祈ります。

このように犬養は述べたが、この日から一年二か月後、五・一五事件でまさか己が暗殺されるとは夢にも思わなかっただろう。暗殺当時、犬養は第二九代総理大臣であった。

雄幸終焉の地

こうして雄幸は国会に登院したものの、やはり体調は芳しからず、四月一三日ついに総理の職を辞任したのだった。そして狙撃から九か月後の一九三一年八月二六日、小石川久世山（現、文京区小日向町）の自邸で亡くなった。享年六一。

臨終に立ち会った前首相秘書官の中島弥団次の手記。

先生は非常に苦悶しながら口から膿を吐いて居られた。自分は先生の手を握って「先生シッカリして下さい。大丈夫です。必ず回復されます。先生のような立派な御方を神は決して殺しませんぬ」と云ったが先生には「今迄随分長く病苦と闘って来たが今度は駄目だ」と云われた。医師に聞けば病菌が肺を破ったらしい。先生の苦悶は益々激しくなる、呼吸は迫ってきた。（略）遂に心臓麻痺を起し卒然として其日の午後三時一分に永眠された。

濱口雄幸が亡くなったのは、東京・文京区の久世山の自邸であった。雄幸の実家（高知市五台山）は現在、生家記念館として高知県の観光スポットになっている。けれど終の棲家の久世山は現在、どうなっているのだろうか。文京区役所の行政情報センターで尋ねてみると、ベテラン職員が、

「雄幸？　あの東京駅で撃たれた浜口雄幸ですか？　この文京区に住んでいたのですか？」

とビックリした顔を見せた。古い話なので、文京区で生まれ育った職員でなければ知らないかもしれませんね、と言うと、

「私は文京区生まれの文京区育ちです。文京区に関してはほとんど知っているつもりでしたが……」

と首をかしげた。さらに続けて、

「もしそうならば史跡の立て看板（区の教育委員会）があってもいいですね」

と驚く仕草であった。

結局、久世山という場所を教えてくれた。江戸時代に久世大和守という人物の邸宅があったころから名付けられたという。久世山は現在の小日向二丁目あたりだった。

南北線の江戸川橋駅で下車。道路に沿って神田川が流れている。華水橋を渡って進むと上り勾配だった。勾配はしだいに急な坂となっていく。ようやく小日向二丁目あたりに到達した。閑静な住宅街といった趣で、大きな家が多い。会社の社宅らしき建物もある。昼間に訪ねたせいか、人の姿はほとんど見なかった。古そうな家を選んで玄関ベルを押す。しかし返事がない。ようやく八件目でベルの奥から返事が戻ってきた。内容を言うと、家人が扉から顔をのぞかせた。白髪の老女であった。

「今の人は濱口雄幸さんがこのあたりに住んでいたことを知りません。私は二〇代の時に結婚してこの久世山に来ました。一番古い住人です。近くの魚屋さん（現在はない）からよく濱口さんのことを聞いたものです。あの敷地（濱口雄幸邸）からは古い瓦の破片が出土し、子供たちは競って掘りに行ったもんです。今でも濱口さんの塀の一部が残っています」

瓦は久世山大和守の屋敷のものだろうか。老女に言われた通りに道を進むと、こげ茶色にくすんだ重厚な石塀の一部があった。石塀の上の先端には鉄条網が張り巡されており、透明なランプ型の街燈は、いかにも昭和一桁時代の雰囲気を醸し出していた。

ここが雄幸邸であったのだろう。石塀の奥の建物はもちろん当時のものではなく、その後、何度か建て替えられたのだろう。現在は別の人が住んでいるようだ。門柱のベルを押したが返事はなかった。留守なのだろうか。

それにしても外塀の一部だけでも今では貴重なものだろう。史跡として「濱口雄幸終焉の地」の看板があってもいいのではなかろうか。

雄幸は〝放射状菌〟の保菌者だった

雄幸の遺体は、この久世山の自邸から東京帝国大学付属病院に運ばれた。遺体を鑑定したのは京都帝国大医学部教授の清野謙次と東京帝国大医学部教授の緒方知三郎の二人。ともに日本を代表する東西の医学者であった。

緒方の祖父は、幕末の医学者で天然痘治療に貢献し日本の近代医学の祖といわれる緒方洪庵。孫である知三郎は病理学者として、のちに文化勲章を受けた医学界の重鎮だ。現在、東大医学部館の三階踊り場に知三郎の大きな胸像が厳めしく佇立《ちょりつ》している。

一方の清野も京大医学部を首席で卒業。ドイツ・フライブルク大学への留学を経て世界的な病理学者になった人物だ。

以下は、濱口雄幸の遺体の剖検の一部である。

雄幸カ昭和六年八月二六日放線状菌病性左側横隔膜下膿瘍並ニ之ニ継発セル隣接諸臓器ノ罹患に因リ死亡シタルコトハ鑑定人緒方知三郎ノ作成に係ル鑑定書及原審第四回公判調書（略）死亡ノ直接原因ヲ為セル病竈ノ形成ニ働キタル放線状菌カ被告人佐郷屋留雄ノ加ヘタル銃創ニ因ル空腸穿孔ヲ通シテ腸内ヨリ腹腔内ニ漏出シタルモノニシテ斯クノ如キハ日常経験上一般的ナリト認ムヘキ証拠ナク却ッテ鑑定人清野謙次、同緒方知三郎ノ作成ニ係ル各鑑定書ニ依レバ斯ル感染例ハ極メテ稀有ノ事例ナルコトヲ認メ得ヘキヲ以テ結局被告人佐郷屋留雄ノ判示所為ト濱口雄幸ノ死亡トノ間ニハ刑法上ノ因果関係ヲ認メ得ザルニ帰ス

（公判記録より）

要するに濱口の死因に関して、濱口自身が特殊な細菌（放射状菌）の保有者であり、そ

の細菌が傷口に侵入して化膿したことにより悪化。つまり狙撃と死亡との直接的な因果関係はないとしたのである。この所見にしたがって、佐郷屋には殺人罪ではなく殺人未遂罪が適用されることになった。

濱口が保有していた放射状菌とはどんなものだろうか。医学書によると、放射状菌は放線菌ともいい主として土中などに生息し、抗生物質をはじめ私たちの生活に必要な多くの薬の原料ともなるとても有用な細菌である。しかし中には、皮膚や身体の中に住みついて病気を起こす仲間もいるという。

放線菌症は体の軟組織にただれや膿瘍を起こす長期の感染症で、通常、口、鼻、咽、肺、胃、腸に発症する。体の他の部分に現れることはほとんどなく、皮膚に傷口があるときだけに起こる。

また、放線菌症は歯のエナメル質、歯肉、扁桃腺、膣や腸の内膜にいる嫌気性菌のイスラエル放線菌症を主な原因とする慢性の感染症である。この感染症は原因となる細菌が定住する組織表面に損傷が生じ、防御機能を備えていない深部組織にその細菌が侵入した場合のみ発生する。感染が拡大すると瘢痕《はんこん》組織と異常連絡路（瘻孔《ろうこう》もしくは瘻《ろう》）が形成され、数か月ないし数年後には瘻《ろう》は皮膚に到達し、排膿が起こる。膿瘍（膿がたまった袋）が胸部、腹部、顔面、首にできるという。放線菌症は成人男性に最も多くみられる。また、子宮内避妊具を使用している女性にもときどきみられる。

死因は狙撃か細菌か

濱口の死因を巡っては、医学者の間で侃々諤々と揉めた。狙撃と死因との因果関係だ。

担当医師の塩田広重博士が東京地方裁判所検事局長谷川瀏検事に宛てた回答書では、「濱口前首相の直接の死因は左上腹部放線状菌病（アクチノミコーゼ）にして同病は同前首相が昭和五年一一月一四日東京駅頭遭難の際受けたる空腸損傷の為め腸内より漏出せる放線状菌病（アクチノミチエス）が脾臓付近腹膜面に付着して発育せるに因りて起れるものと考うるを医学常識上妥当なりとす」と断定を下している。塩田博士は狙撃が直接死因につながったという立場だ。

これに反発したのが正木不如丘博士である。正木の意見（『中央公論』発表）は、「放線上菌病が遭難と関係があったか、なかったかは神様でなければ判らない。こう云う幾つかの可能性は『大風吹いて桶屋喜ぶ』程のナンセンスではないが、人類の今日の智識では唯可能性を認めるしかない」。

また桂田富士郎博士は（「毎日新聞」発表）、「負傷に基づく損傷に基因すると断することに対して、私は断乎として学問の権威の為に反対し、これによって判決されることは危険極まることを警告する」と厳しい口調で反論した。

さらに浅田一博士は（「東京日日新聞」発表）、「司法官や弁護の任にあたる人達は余り末の末に拘泥して、いわゆる医学常識に引きずられぬ様むしろ法律常識を以てわれわれを啓発されたいものである」と述べた。

いずれにせよ殺人既遂か、それとも未遂と見るべきなのかが審理の焦点となった。

塩田博士とともに遺体鑑定人の緒方知三郎、清野謙次両博士が証人として法廷に召喚せられた。塩田博士は「何れにしましても此の問題は判らぬということをお判り下さることをお願いいたします」（傍点筆者）と述べ、結論を出さなかった。いわば匙を投げた形となったのである。

かくして狙撃犯は殺人既遂ではなく、単なる殺人未遂と認定されたのだった。とはいうものの一審は死刑。二審も一審を支持して死刑判決であった。けれどなぜか天は狙撃犯に味方した。恩赦に次ぐ恩赦で、佐郷屋は狙撃から一〇年後、小菅刑務所を後にしたのだった。

佐郷屋が小菅に収監されている間、いろいろな人物が差し入れや面会にやって来た。たとえば北一輝や大川周明である。北は『大日本歴史集成』（青木武助著）四冊を差し入れている。北はその後、二・二六事件（一九三六年）で青年将校らを使嗾《しそう》したとして銃殺刑となった。

一方、大川周明は狙撃犯と面会している。大川はその後、五・一五事件（一九三二年）に関与して逮捕され留置されたが、恩赦で釈放された。ちなみに大川は岩田愛之助の一人娘と一緒に面会しているのだが、この一人娘はのちに佐郷屋の妻となっている。

さて、雄幸の死因となった放線菌をめぐり医学者間で紛糾したことは述べたが、彼ら医学者たちのなかで一人だけ、この細菌から恐るべきヒントを導き出したのでは、と私はみている。

その人物とは、医学博士の清野謙次であった。

鑑定人・清野謙次と731部隊

清野謙次は一八八五年、九人兄弟の長男として岡山県で生まれた。清野家はもと甲州武田信玄の家臣であったという。父親は大学東校（東大医学部の前身）の第一回卒業生で、日本で最初の医学士の一人。岡山県立医学校の校長兼病院長をつとめた。

清野は一九〇九年、京都帝国大学医学部を卒業した。首席だったために明治天皇から銀時計を受けている。卒業後はドイツのフライブルグ大学に留学した。そこでアショフ教授のもと、生体染色を研究。その間に発表した論文は、当時医学界では世界の最先端をいくドイツの学者たちをも驚嘆させたという。帰国後、京大助教授から教授となったのは三六歳の時であった。そして生体染色の応用によって組織球性細胞系を発見し、病理学の世界的な学者の一人となったのである。

この清野に愛弟子がいた。清野同様に京大医学部を首席で卒業し、天皇から銀時計を受けた人物だった。名前を石井四郎という。いたって平々凡々な名前ではあるが、やることはすごかった。石井は、世界に悪名高い日本の帝国陸軍731部隊の初代隊長であったのだ。

731部隊について、かいつまんで述べておこう。

第二次世界大戦時に存在した研究機関で、通称石井部隊（陸軍軍医中将）と呼ばれた。正式名称は関東軍防疫給水本部。満州に拠点を置き、兵士の感染症予防や衛生的な給水体制の研究、と同時に細菌戦に使用する生物兵器の研究・開発機関であった。このため人体実験が行われたのである。

731部隊の第四部長、川島清軍医少将の証言では、三〇〇〇人以上が実験の犠牲になったという。ただ六〇〇〇人の犠牲者という証言もあり正確な数は分からない。

石井式細菌爆弾と名付けられたものは、ペスト菌や炭疽菌を使って敵国に打撃を与えることを狙っていた。また、牛疫ウイルスを運ぶ風船爆弾もしかり。もっともこの風船爆弾、日本の敗戦が決まって実行されることはなかったという。

戦局厳しい日本にとっての巻き返しの手段は一体何だろうか、と清野は考えたはずである。この結果、清野は雄幸の遺体鑑定からヒントを得た細菌戦略を秘かに愛弟子の石井四郎に洩らしたのではないか。石井は師と仰ぐ清野のプランを陸軍に提言し、そして細菌戦略は実践されたのだろう。私の脳裏に浮かんだ図式はこうである。

濱口雄幸の暗殺→死因は細菌→鑑定人・清野謙次がヒントを得る→愛弟子・石井四郎に秘かに提言→石井が帝国陸軍へ提案→731部隊結成→細菌戦略。

これはあくまで筆者の推測だが、時間的に見渡しても齟齬はない。

世界的医学者の奇妙な行動

俄然、清野謙次という人物に興味を持った私は、その後も調べを進めていった。

二〇一五年四月から六月にかけて東京国立博物館で開催された「鳥獣戯画―京都 高山寺の至宝―」展は、あの「鳥獣戯画」が一〇〇年ぶりの修復後初めて一般に公開されるとあって、大勢の人たちがつめかけ長蛇の列を作っていた。私もその列に加わった一人だった。

「鳥獣戯画」は誰もが一度は教科書や参考書で目にしたことがあるはずで、現存するのは絵巻四巻。第一巻に蛙、兎、猿などを擬人化した有名な絵がある。紙本墨画の絵巻で日本絵画史上屈指の作品といわれ、かつて鳥羽僧正の作と伝えられていたが、最近では作者不詳となっている。

所有しているのは高山寺。日本最古の茶園としても知られる京都の名刹で、奈良時代の創建だ。その後、神護寺の別院であったが、鎌倉時代に明恵上人が再興したといわれている。かのノーベル賞作家、川端康成や白洲正子がたびたび作品に登場させており、デューク・エイセスの「女ひとり」という歌の舞台としても知られている。広い庭を有し、いまでは世界遺産の一部となっている。

さて、この展示会は「鳥獣戯画」だけではなく、高山寺が所有する国宝級もしくは重要文化財級の掛け軸や巻物等の資料も展示されていた。私がこの展示会に来た理由は、これらの資料をチェックするためであったのだ。

なぜならこの文化財を盗んだのが清野謙次であったからだ。一点や二点ではない。ゴッソリと、なのである。まず当時の新聞の見出しをみてみよう。

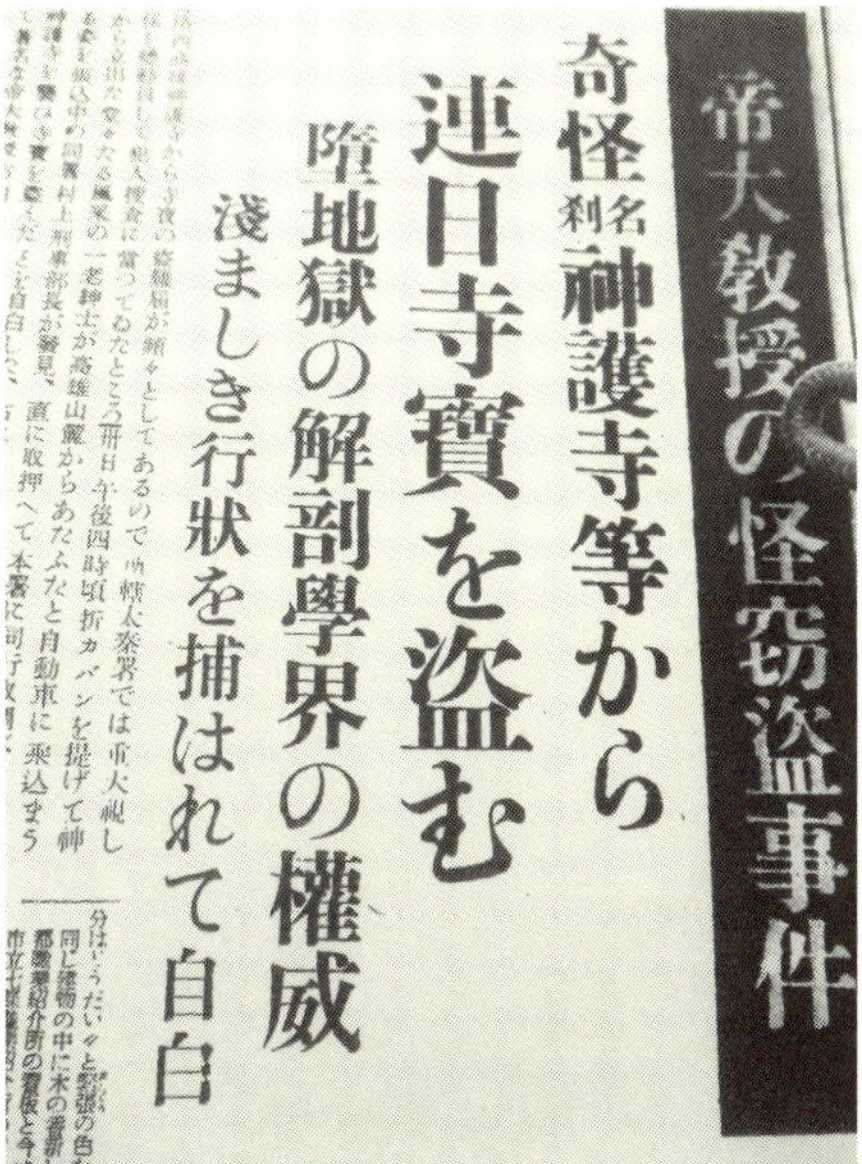

帝大教授の怪窃盗事件

奇怪 名刹神護寺等から

連日寺寶を盗む

墮地獄の解剖學界の權威

淺ましき行狀を捕はれて自白

清野謙次の窃盗事件を伝える新聞記事

当時の新聞では、「帝大教授の怪窃盗事件　奇怪・名刹神護寺等から連日寺宝を盗む」（一九三八年七月二日付京都日日新聞）との見出しで報じられている。記事によると、寺から寺宝が頻発に紛失していることを聞きつけた太秦《うずまさ》警察署は、署員を張り込みにあたらせていた。すると夕方、一人の恰幅のいい老紳士が折カバンを大事に抱えて寺から出てきた。そして用意してあった乗用車に乗り込むところを署員が任意同行を求めたのである。老紳士はあっさり、犯行を認めた。老紳士は京都帝国大学医学部教授の清野謙次であった。だが、記事では実名ではなく仮名としていた。

なぜ実名を伏せたのか。総理大臣の遺体を鑑定した医学者で、あまりに大人物だったからだろう。万が一間違いであったらコトは重大であるから慎重を期したのか。それとも上からの圧力があったのか。あるいは、何らかの病に侵され、その病が清野を犯行に駆り立てたと見たのか……。

警察の調べでは、清野の窃盗行為は一九三五年から四年に亘っていた。これは清野自身が自白している。被害にあったのは高山寺だけではなかった。神護寺、醍醐三宝院、建仁寺と名刹ばかりが狙われ、窃盗品は合わせて一三六〇点以上にのぼっていた。高山寺では、胎蔵界念誦次第（仁治元年写、宝叡僧正所持本）や護摩頚次第（正安二年宝叡僧正自筆本）、このほかに古文書、経典等五九〇点が清野の懐へと流れこんだ。いずれも重要文化財もしくは国宝級クラスである。

それにしてもなぜ、堂々と名刹に入り込み、いともたやすく国宝級のお宝を寺から持ち去ることができたのか。

清野は鼠小僧の如く、人目を忍んでこっそりと盗みを働いたわけではなかった。彼は肩書を利用したのだ。京大教授に加えて濱口総理の遺体鑑定人の医学博士である。この博士が、「文献資料の調査」という目的で寺を訪れていたのだ。それも一回や二回でなかった。たびたび研究調査と称して訪れていたので、寺側とは顔なじみ。寺側は〝偉人〟の申し出に、恐縮しながら受け入れた。お茶菓子でおもてなしをしたとしても何ら不思議ではない。

寺側では、数年に亘って寺の宝物を持ち出され、戻されていなければ、オカシイと気づいたはずである。けれど相手は大先生。容疑者扱いはできない。で、本人を問い質す前に警察に届けたというワケであった。

なお、「鳥獣戯画―京都 高山寺の至宝―」展を隈なくチェックしたけれど、清野の盗んだ品は一つも出品されていなかった。

清野の精神鑑定

清野は医学ばかりではなく、様々な分野にも領域を広げていた。その一つは考古学であった。発掘した人骨を調べるうちに、日本人の起源に関心を持つようになった。当時、原日本人はアイヌ説が有力であり、唱えていたのは東大教授の小金井良精である。小金井といえば、森鷗外の妹、喜美子の亭主。鷗外の義理の弟である。SF作家・星新一の祖父としても知られており、やはり東大医学部を首席で卒業した大秀才である。この小金井に対して果敢に挑戦状を叩きつけたのが、京大医学部首席の清野だった。これにより原日本人をめぐる論争は加熱したのであった。

清野は岡山県津雲遺跡で発掘された縄文人骨四六体を調査・測定した結果、アイヌ人も日本人も元々日本原人であり、それが進化して「南北における隣接人種との混血」を主張したのである。そして清野説は多くの学者に支持され、小金井説を凌駕することになった。まさに挫折知らずの清野であったが、五三歳にして思わぬ陥穽に見舞われた。というより自ら率先して落とし穴に飛び込んだのだった。

窃盗容疑で逮捕された清野は精神鑑定に回された。なにしろ世界的な学者だ、愚かなドロボー行為を果してするものか。清野の精神鑑定は一〇回行われた。
担当にあたったのは精神科医の内村祐之。東大医学部教授であり、東京府立松沢病院の院長でもあった。内村は、かの有名な日本のキリスト教思想家であり文学者の内村鑑三の息子で、後にプロ野球のコミッショナーとなって野球殿堂入りをした人である。
この内村は清野の印象を次のように語っている。

清野さんは拘置所のなかにあっても貫録十分で、当時の新人、島崎敏樹君（筆者注：小説家・島崎藤村の甥であり、後に日本の精神病理学の発展に貢献した医学博士）を助手に伴って訪れた初対面の私に対して、むしろ傲然ともいうべき態度で応接した。そして「今日の精神科にはろくな学者はいませんなあ」と、人を食った、ぶしつけで無遠慮な発言（略）、こんな人に会ったことはない。

（『わが歩みし精神医学の道』内村祐之著、みすず書房）

清野はずいぶん横柄な態度で、逮捕された直後もまったく悪びれた様子もなかったという。若い頃からずっと挫折を味わうことなく〝知〟のトップを走り続けた彼は、自分以外はバカかアホに思えたのだろう。

内村は清野の行動から三つの重要な点を導き出した。
①犯行当時、憂鬱症を思わせる症状があり、軽い退行期精神障害が見られた。
②強い収集癖があった。
③道徳意識が社会一般のそれと大きく隔絶していた。

内村の見立てを裏付けるように、「寺に埋もれたまま虫に食わせるより、有効に使えるというわけで悪いという意識はなかった。（略）自分のものか、他人のものかという意識がはっきりしない。（略）研究のための植物採集のような気持ちだった」と清野は述べている。

結果、「心神耗弱に相当する程度の精神障害」というなんとも曖昧な結論が下された。けれど起訴され、懲役二年、執行猶予五年の刑であった。

当然のことながら清野は、京大教授の職を追われた。と同時に京大学長（一五代、浜田耕作）も責任をとらされて辞職した。

皮肉なことに、清野のドロボー行為は、精神医学会の貴重な臨床例となり、精神医学界に貢献したという。

清野コレクション

清野の精神鑑定から内村が導き出したという重要な点のひとつ、「強い収集癖」に注目したい。

清野は人類学の分野にも手を伸ばし、日本各地から発掘した古代の人骨は一五〇〇体余りにのぼった。清野が集めた人骨類は現在、京大自然人類学研究室に保管されている。その他、清野の収集した考古・民族資料は、天理大学、飛鳥博物館、埼玉県立博物館にそれぞれ分散し収蔵されている。

清野は生来、コレクターの性癖があった。少年時代は蝶など昆虫の標本作り、古銭集めに精を出し、切手収集はなんと一万枚。中学時代（旧制北野中学校）の夏休みには、茨城県霞ヶ浦方面に出かけて土器や矢じりなど古墳時代のものを発掘し収集していた、と実妹の石原よしこさんが語っている。

清野のコレクターの性癖はどうやら祖父から受け継いだものらしく、眼科医の祖父は書画骨董の蒐集のほかに古墳時代や弥生時代の出土物をかなり集めていたようだ。

清野が高山寺や神護寺等から盗んだ文化財は、当然のことながら寺に戻された。だが、清野の収集癖はずっと続いていくのだった。

龍谷大学アジア仏教文化研究センターの橘堂晃一氏によると、清野は中国の新疆ウイグル地区、トルファン盆地アスターナ古墳群から発掘されたミイラを科学的に分析した最初の人類学者として知られているという。

また、敦煌写本の蒐集家でもあった。

敦煌は中国の甘粛省の西に位置する仏教遺跡のあるところ。ここに存在する敦煌莫高窟には千仏洞や石窟があり、内部には極彩色の壁画や仏像がある。石窟は一〇〇〇年に亘り築かれたといわれ、その数四九二。一九八七年にユネスコの世界遺産に登録され、「キング・オブ・世界文化遺産」ともいわれている。

敦煌では二〇世紀のはじめ、石窟内から膨大な写経が発見された。発見された膨大な写経類は、中国はもちろん、他国の人間も自国に持ち帰った。イギリス人やフランス人ばかりか日本人も写経を持ち帰ったといわれている。

清野がいかなる経緯で敦煌写本を手にしたのかは、定かではない。しかし『敦煌出土清野蔵書目録』というものが存在していたのだ。目録の一部を以下に記してみる。

「隋大業四年写大般涅槃7経一巻、唐写法華経一巻、隋開皇廿年摩訶般若波羅蜜経一巻、唐写比丘戒一巻、蔵文無量壽名大蔵経一巻外蔵文経二巻合計三巻、唐佛名経一巻、妙法蓮華経一巻、開元十年写大般涅槃経一巻、唐初写般若波羅密経一巻（筆者注：密→蜜が正しい）、大暦九年写妙法蓮華経一巻、武成二年写雑寶蔵経一巻、唐時物値単残紙（吐魯番出土）一巻、唐写比丘尼戒一巻」

何やら難しそうな写経の経典類がずらり。これらの敦煌写本は好事家に売却されたらしい。清野の子孫宅から、「右之目録を現物（筆者注：敦煌写経）に添へて京都帝国大学総長羽田亨氏に差し出す事に決定す。（略）昭和一四年一〇月二七日」という売買の写しが見つかったのである。見つけたのは、京都大学教授の高田時雄氏。高田氏はかねてより清野の子孫から、旧蔵品の調査の依頼を受けていた。

敦煌写本四〇巻は、なぜか京大総長を経由して個人コレクター（五代武田長兵衛）に八五〇〇円で売却された。今の貨幣価値では数百万円以上か。

清野の子孫宅からは、ほかに第二〇代首相、高橋是清の実筆の書や社会科の教科書にも登場する政治家・西園寺公望、さらに歌人の与謝野晶子など名士と言われる人など、約一四〇人の実筆書が見つかったという。

清野と〝明治の毒婦〟高橋お伝

京都の名刹から寺宝を盗んだとして逮捕され、京大教授職を追われた清野謙次がその後どうしたのかといえば、著作に専念したのである。

『南方民族の生態』(六興商会)、『日本原人之研究』(増補版、萩原星文堂)、『日本人種変遷史』(小山書店)、『日本歴史のあけぼの』(潮流社)、『人類の起源』(弘文堂)、『太平洋民俗学』『古代人骨の研究に基づく日本人種論』『日本考古学史』(上下巻)『日本貝塚の研究』(以上、岩波書店)と精力的に著作に取り組んでいたのである。一見して考古学分野の著作ばかりだが、名著といわれているものが多い。

医学者でもあった清野だから医学分野でも著作を残しているが、ひときわ異色の論文がある。それが「阿傳陰部考」である。

これは明治の毒婦といわれた高橋お伝のアルコール漬け陰部を子細に精査し、「犯罪人類学的に考察」したものらしい。高橋お伝は、一人の遊び人の男を殺しただけで最後の斬首刑となった女性である。処刑後、遺体は医学の実習と称して解剖に付された。当時、罪人は医学の発展のために解剖されるのが常であった。

お伝の解剖は千住の某寺の境内を戸板で囲い、四人の医師の立ち合いのもとで極秘裏に行われた。一般の医学生たちは戸板の隅間から解剖風景を覗いていたという。

解剖の際、お伝の陰部は抉り取られてアルコール漬けにされた。解剖に立ち会った一人の医師、高田忠良の手記によると、「ついでにやった」というのだ。

なぜ、「ついでにやった」のか。

当時、お伝は次々と男たちをたぶらかす〝毒婦〟というイメージで全国的に知れ渡っていた。お伝を毒婦として仕立てあげた戯作ものがヒットし、それが舞台化され、芝居は大ヒットを飛ばした。そして、「お伝の陰部はよっぽど男を魅了するのだろう」と噂が誇大化されていたとか。であるから医学者たちが興味をもって、お伝の陰部を抉り取りアルコール漬けにしたと思われる。下世話なゴシップを真に受けたヒドい話だ。

その後お伝のアルコール漬けは、陸軍医学校内の一室に安置された。清野はこれを題材とし、学術誌『ドルメン』(岡書院)第一巻四号から四回にわたり連載したのが「阿傳陰部考」なのである。濱口雄幸狙撃事件から二年後のことであった。

清野は教え子の中留金蔵にお伝のアルコール漬け陰部を測定させている。中留は陸軍医学校で教鞭をとっていたから、生徒のいない時にこっそりと測定していたのだろう。「測定は中留一等軍医に依頼して行ったもので、同氏の好意に対して感謝の意を表しておく」

と清野は論文のあとがきに記している。

清野の書いた中身であるが、要するに、「僕が云いたいのは局部異常発達した女性には男性を強烈に要求、男性もこれにひかれて性的犯罪の動機を生ずる事実である」。したがって人類犯罪学的には陰部の発達した人は犯罪に手を染める確率が高く、「気をつけろ」と言いたいらしい。これはさすがに、単にセンセーショナルな話題で読者の関心を惹こうとしたものだろう。現に部数は伸びたようで、後に特別号を出したほどだ。

このお伝の陰部アルコール漬けはその後公開され、人々の目に曝されることになった。一回は、浅草・松屋で公開。もう一回は警察博覧会であった。これについては高橋お伝の縁戚にあたり、みなかみ町文化財調査委員長でもある渋谷浩さんから私が直接に聞いた話である。

さて、清野の依頼で陰部をこっそりと測定した中留金蔵は、後に７３１部隊に入隊し総務部長となった。また、清野も７３１部隊の人体解剖の最高顧問という肩書をもっていた。おそらくこの肩書の一方、清野は暇にまかせて中国各地に存在する敦煌写本をせっせと収集していたのかもしれない。

清野の最期は、いきなりやってきた。東京・品川区西大崎の自宅の応接間で妻と寛いでいた時だった。

家にはルミという猫を飼っていました。このルミが私の足元にのぼってきて重いと私が独り言を申しました。すると主人は「そんならわきに蹴り飛ばせばいいじゃないか」と申しました。とたんに咳き込みました。一〇回ぐらい咳き込んだまま、息が途絶えて亡くなりました。

（「清野謙次の追悼集」妻富美子さんの手記より）

時に一九五五年一二月二七日のことだった。享年七〇。

清野の遺体は東大病院に運ばれて、濱口雄幸の遺体を一緒に鑑定したいわばライバルというべき緒方知三郎・東大名誉教授の立会いの下に剖検された。死因は急性心不全であった。通夜は、養子の実弟夫婦とその子供たちや親戚縁者をはじめ病理学、人類学、考古学の教え子たち合わせて総勢五〇人前後が集まり自宅で座談会が開かれた。

一人だけ異質な人物が、座談会に参加していた。親類縁者でもなければ学者関係者でもなかった。それは美術商だった。清野の特異なパーソナリティを象徴している。

ちなみに告別式の葬儀委員長は緒方知三郎だった。緒方の言葉が残されている。

清野君は天才ではあるが、不断の努力が君をして偉大な科学者たらしめたのだと思う。アショフ先生の教室に入室されてから半年もたたないうちに、世界の医学者に驚異の目を見張らせた組織球と君が名打った細胞についての新知見に論文を書き上げられておられた。私はこの喜ばしい便りをベルリンの下宿で拝見したことを今でもハッキリと記憶している。（略）一時細菌学教室に転ぜられ、細菌学講座担任の大学教授としての仕事も立派にやってのけられた（略）、君はすぐれた病理学者乃至生物学者であると同時に人類学者としてこの世を去られた。思い立ったことを全部成し遂げられたのであるから君として思い残すことはなかったに違いない。

（「畏友清野君を偲ぶ」より）

こうして医学界の巨人的異端者は、あっけなく人生の幕を下ろしたのであった。

目黒不動尊をめぐる縁

清野の自宅が今どうなっているのか、訪ねることにした。

品川区役所発行の「住居表示旧新対照表」（昭和四一年九月）によると、一九五五年の品川区西大崎××番地は、現在の西五反田四××番地であることが分かった。「清野」の名前も載っており、敷地は広かった。おそらく家も大きかったに違いない。だからこそ、通夜に五〇人前後が集合して座談会が行われたのだろう。

何人もの人を尋ねてようやく清野の自宅と思われる場所に辿り着いた。清野の自宅跡地には大きなマンションが建っていた。当時のことを知っている人はいるだろうか。周辺を探し回った。すると今では珍しい大谷石の塀に囲まれた古い日本家屋があった。人が住んでいるのか。一見すると空き家に思えた。玄関の戸は赤っ茶けて汚れやや傾き痛みが激しい。ダメモトでベルを押してみた。押すこと五回目に奥から人の声が聞こえた。なんと人が住んでいるではないか。まもなく老女が古びた玄関の戸から顔を覗かせた。

訊いてみると、この界隈では最も古い家だと応えた。

「うちは昭和二九年に結婚してここに来ました。ですから清野さんという人がいたことは知っているハズなんですが、特におつき合いをしていたわけではありませんから、よく覚えていません。どんな方？　ああ、エライ人ですか。私は京都育ちです。碁盤の目のようになっているから道は分かり易い。でも東京の道はにょろにょろしていて分かりづらい」

と言いながら老女は外に出てきた。ふだん人とおしゃべりする機会が少ないのだろうか、さらに口が滑らかになった。

「私の父は宮大工でした。京都の清水寺って知っていますか。あの寺を父が造ったのです」

造ったというより修理に携わったのであろう。老女はさらに続けた。

「いまでも散歩に出かけます。目黒不動尊をぐるりと」

「目黒不動尊！」

「そうです、あの建築物を見ながら亡くなった父を思い出しています」

「ここから目黒不動尊まではどのくらいですか？」

「すぐそばです。歩いて三分ぐらいかしら」

「清野さんの家からだと？」

「徒歩で二分ぐらいですかねえ。それが何か……」

これは偶然だろうか。濱口雄幸の遺体鑑定人の最期の場所が、雄幸暗殺のリハーサル現場の近くであったのだ。

目黒不動尊といえば、交通安全祈願の寺として知られている。正式名は瀧泉寺といい、一二〇〇年の歴史を誇る。渋谷駅からバスに揺られて約三〇分で目黒不動尊に着く。最初に訪れたのは二〇一四年一〇月二八日。狙撃犯の暗殺リハーサル日に合わせた。

この日は縁日で、境内は人で賑わっていた。金魚すくい、カラアゲ、綿アメ等の恒例の屋台が並ぶ。早速、社務所で話を訊いた。

目黒不動尊の通称で知られる瀧泉寺

「私はこの不動尊につかえて三代。昔の縁日はこんなもんじゃなかった。人はこの十倍ぐらいの賑わいだったよ。射撃ゲームがあったり、石段の下に滝があるだろう。そこで修行する人もいた。この本堂の北の方には東京湾が一望できた。青木昆陽（江戸時代の儒学者・蘭学者で、「甘藷先生」として有名）が美観に感動して、死んだらこの不動尊に埋めてくれと言ったので、現在も昆陽さんの墓があるってわけだね。本堂の西の方は目黒競馬場だった。第一回のダービーが行われた。その後、昭和六、七年に今のバス停『目黒競馬場跡』に移ったのだ」

まるで生き字引の人であった。とすれば、雄幸暗殺のリハーサル現場をご存知かもしれない。

「東京駅で狙撃された浜口雄幸総理だろ。事件はもちろん知っているよ。でも暗殺前にこの不動尊で試し撃ちをしていたというのは、初耳だ。それで試し撃ちの現場を探しているってワケかい。アハハ。たぶん、本堂の西の方だろうね。当時は竹林や森林におおわれていたから人目につきにくい場所だったからな」

ところが、後日公判記録を確認すると、目黒不動尊境内ではなかったことが判った。目黒不動尊から南東に一〇〇メートル離れた場所であったのだ。その時は狙撃犯の手記をそのまま信じて目黒不動尊の境内だと思っていたのだ。

私は縁日で賑わう境内を散策した。と、北一輝の碑を見つけた。北は狙撃犯が小菅刑務所に収監されていた時、本を四冊差し入れている。北の碑の文章を書いたのは、大川周明であった。大川も狙撃犯と面会している。

それにしても何という不思議な縁か。モーゼル式八連発拳銃の起こした波紋が、この目黒不動尊を軸に集まっているではないか。

前述した通り、公判記録で暗殺リハーサル現場を知った私は、日を改めて再び、目黒不動尊界隈にやってきた。この日は小雨が降ったり止んだりとハッキリしない天気だった。人に訊いても暗殺リハーサル現場はなかなか見つけることができなかった。歩き疲れてとある和菓子屋に寄り、みたらし団子を立ち食いして、しばしの休憩をとった。

再び歩き出すと、一人の老人が軒下で煙草をふかしながら空模様を眺めていた。彼に暗殺リハーサル現場の旧住所を訊くと、なんと知っていたのだった。老人は親切にも現場まで案内してくれた。そこは現在、駐車場になっていた。

「この土地は昔からいわくつきの土地でな、駐車場の前は二階建てのアパートがあった。そこの住人が次々と変死したんだ。なぜならこの土地に昔、井戸があった。しかし御祓いをしないで埋め立ててしまった。これはダメだ。中の空気を抜いてやらなくてはいかんのだよ。パイプを通してな」

老人はかつて宮大工だったと打ち明けた。そして、アパートの建つ前は人家で広い庭があったという。その広い庭が恐らく暗殺リハーサルの現場に違いない。

「どうしたというんだ?」と訊くから濱口雄幸総理の狙撃事件に向けた試し撃ちの場所を探していた、と応えると、この老人はこう口を切った。

「なんだと、狙撃事件のことかい。よく知っているよ。サゴウヤだろ」

「狙撃犯のことを知っているんですか!?」

「もちろんだよ。俺はさっき宮大工と言ったろう。しかし宮大工の仕事はそうあるものではない。だから一般の家も造る。この目黒不動尊通り商店街のいくつかの家は俺が建てたんだぞ」

「狙撃犯とはどんな関係ですか」

「俺はな、彼（佐郷屋留雄）の自宅を建てたんだよ」

「何ですって！　どういう経緯からですか？」

「俺が彼の芝白金の二階建てを造ったんだ。それは彼の子供が俺の弟の子供と中学校の同級生なんだ。仲がよかったから、そんな縁で家を造ったわけだ」

何ということだ。暗殺リハーサル現場を探しているとまさか、狙撃犯の自宅を建築した大工さんと出合うとは。老人はさらにこうつけ加えた。

「彼の奥さんが亡くなった時はすごかったぜ。花輪がずらっと並び、そりゃ盛大な葬儀だった。あんなスゲエ葬式見たこともなかったよー」

と老人は遠くに目をやり思い出すような素振りだった。今はその建物はないという。

清野の終焉の地といい、暗殺リハーサル現場といい、さらに狙撃犯の家をつくった宮大工といい、北一輝、大川周明を加えると、目黒不動尊を軸に不可思議な糸で繋がっているではないか。

これはもう偶然という言葉で言い尽くせない。やはり何かの力が働いているとしか思えないのだった。

第3章　昭和史最大の謎に迫る

史上最悪の毒殺事件

ゴールデンウィークの過ぎた五月半ば、私はある人物の手がかりを求めて北陸新幹線で金沢に向けて移動中であった。ある人物とは、昭和史最大のミステリーの一つといわれた事件の真犯人ではないか——その可能性が、ひょっとするとあるかもしれないと私が睨んだ人物だった。

事件とは帝銀事件のことだ。この事件の犯人は事件発生から二一〇日後に逮捕され、死刑判決を宣告されたものの無罪を叫びつつ九五歳で獄中死している。だが、いまだに冤罪のニオイが燻ぶっている。

帝銀事件について述べておこう。

帝銀事件現場

一九四八（昭和二三）年一月二六日午後四時一〇分ごろ、目白署長崎神社前交番へ、都立第二高女二年生・吉田広子から、「帝銀のわきに若い女の人が、倒れて苦しんでいます」と届け出があった。交番との距離は五〇メートルほどの近さ。帝国銀行は、銀行とはいえ質屋を改造した民家ふうの木造建てであった。井上巡査が現場に駆けつけると、銀行の西側の通用門の前で、若い女が粘液のようなものを吐いて倒れていた。帝銀の預金係・村田正子であった。他の行員も銀行内で倒れていた。まもなく目白署の捜査員がジープで駆けつけ、史上最悪の毒殺事件が発覚したのだった。

目白署は緊急電報を各方面に打電した。

「本日午後四時ゴロ管内長崎一ノ三三帝国銀行椎名町支店ニ男来タリ、区役所ノ者ダガイマ進駐軍ガ消毒ニ来ルカラ、ト薬ヲ飲マセ、毒殺シ逃走ス。被害金品不明。犯人相四十年位」

生存者の証言により犯人は年齢四〇歳ぐらいと推定された。しかし後になってこの年齢が、四五歳、五〇歳前後と順次引き上げられた。途中から有力容疑者が浮かび上がり、この人物の実年齢が五〇歳を超えていたからだろう。なんとしてもこの人物を犯人に仕立て上げ、早期解決を図りたい警察の意図が見え隠れする。

ともかくこの電文は都内全域の警察署に伝えられ、大掛かりな捜査が開始された。毒殺されたのは一二名、生存者は前出の村田正子、支店長代理の吉田武次郎をふくめて四人。毒殺された中には、なんと子供が含まれていた。滝沢吉弘くん、当時八歳であった。なぜ吉弘くんが銀行内にいたのかといえば、この銀行に雇われていた用務員の子供だったからだ。当時、家族で銀行に住み込んでいたらしく、したがって用務員の一家四人全員が犠牲となった。

犠牲者一二人の遺体のうち六人は東大、残りの六人は慶大にまわされ、検死が行われた。吉弘くんの遺体は慶大に運ばれ、他の犠牲者と同様に胃内から青酸カリが検出された。一般的にいえば、青酸による致死量は三〇～五〇ミリグラムといわれる。まだ八歳の吉弘くんの胃からは一三・六ミリグラム、少量で十分だったのだろう。

それにしても子供を毒殺するとはこの犯人、実に冷酷無比である。いたいけな子供を平然と毒殺する行為は、感情を持たない悪魔のような人物だと当時、非難されたりした。私はこの子供毒殺をみるにつけ、ある人物に思いあたった。

さて、生存者の吉田武次郎支店長代理によると、犯人の手口はこうである。

東京都の腕章を腕に巻き、〝東京都衛生課厚生部員の医学博士〟を名乗る男が、「長崎二丁目の井戸が原因で集団赤痢がでた。感染者の一人が午前中、この銀行に立ち寄ったためGHQ（連合国軍最高司令官総司令部）の指示で予防薬を飲むように」と告げ、銀行員、用務員一六名全員が集められた。

予防薬は二種類。最初の薬は、非常に強い薬なので歯に触るとホーロー質を損なうから舌を丸めて一気に飲め、一分後に第二薬を飲めと説明。行員たちは男の言いなりとなったのである。

「ウイスキーを飲んだ時のように胸がカッカと焼けるような気がした。二度目の薬は水のようで、何も感じなかった」（吉田武次郎支店長代理の話）と言い、もう一人の生存者、村田正子は「一回目の薬はのどが焼け付くようでした。二回目の方は水のようで何の味もしませんでした」と応えている。

職員たちが次々と倒れると、犯人は当然、金銭を持ち去った。被害金額は現金一六万四四〇五円三五銭。小切手一万七四五〇円、あわせて一八万一八五五円三五銭だった。

平沢は本当に犯人か？

実は帝銀事件が起きる前、似たような事件が二つ起きていた。場所は三菱銀行中井支店（東京・新宿区）と安田銀行荏原支店（東京・品川区）である。両銀行は、ともに犯人の手口に乗らなかったため被害を免れた。この時、犯人は名刺を残していた。松井蔚《しげる》。厚生予防局、厚生技官・医学博士。

銀行員らの証言をもとにモンタージュ写真が作られて全国に一五万枚が配られた。

警視庁では二つの線を中心に捜査が進められた。一つは毒物関係。もう一つは犯人の残した名刺を辿ることであった。毒物の方で注目されたのは、第一薬を飲んだ後、一分後に第二薬を飲ませたこと。つまり一分間は大丈夫であったわけである。ふつう青酸カリを飲めば、あっという間に絶命する。一分間の余裕はないのである。とすれば青酸カリそのものではない。

捜査を進めると、旧陸軍731部隊にぶつかった。〝九研〟いわゆる第九陸軍技術研究

帝銀事件犯人の人相書き

所ではこのような毒物を研究していた。アセトンシアンヒドリンという名の毒物であった。しかも犯人が持参したスポイトは、正確にはピペット駒込型と呼ばれるもので、旧陸軍の細菌研究所で使用されたものであった。このことから犯人は旧陸軍731部隊の関係者ではないか、と警視庁は捜査を進めていった。

一方、名刺の線では、松井蔚は実在していた。この松井、几帳面にも名刺を渡した相手の名前をいちいち日記にメモしていた。こうして名刺の線から浮かび上がったのが、画家・平沢貞通だった。

平沢はテンペラ画では名士として知られていた。当時五六歳。犯人と応接した銀行員の当初の印象は「四〇歳ぐらい」であったが、平沢は一回り以上も年長。犯人の年齢が順次引き上げられていったことは前述の通りである。

生存者に対して平沢の面通しが行われた結果、イケメン風な犯人の容貌と「よく似ている」。さらに平沢に不利であったのは、事件後、大金を手にしていたことだ。東京銀行本店に八万円を預金。さらに妻マサ名義に四万五〇〇〇円を振り込み、現金で九〇〇〇円を手渡していたのである。事件後平沢は〆て一三万四〇〇〇円を所持していたワケだ。その金の出所がハッキリしない、アリバイも明確ではないと平沢を取り巻く状況は疑惑だらけだった。旧陸軍への捜査は遅々として進まなかったことから、警視庁は平沢一本に絞り、逮捕に向けて一直線に突き進んだのだった。

しかし、である。第一薬と第二薬を用意し、一分間という待機時間を設けるなど素人ではほぼ無理である。果して一介の画家が毒物の知識を持っていたのだろうか。やはり真犯人は毒物に精通した人物でなくてはならない。作家の松本清張をはじめ、平沢冤罪説を唱える人たちは後を絶たなかった。

平沢の所持した大金の出所について松本清張は、春画を描き売った費用だと推定した。横山大観の弟子でテンペラ画の名士の平沢である。いくら金欲しさとはいえ、春画を描くということは屈辱であったらしく口が裂けても言えず、これをしも芸術家のプライドだと言うのである。

実際、平沢の描いたと思われる春画が後年、北海道小樽市で発見された（『フライデー』二〇〇〇年六月九日号）。小樽市は平沢の出身地でもある。春画は巻物状で縦二三・五センチ、幅三三センチの絵が一二枚。もっとも署名もなく、平沢本人の確証は得ることができなかったが。

そういえば春画といって思い出すのは、帝銀事件と並ぶ戦後のミステリー、下山事件だ。

初代国鉄総裁の下山貞則が行方不明の翌日轢死体となって発見され、自殺か他殺か、警視庁内だけではなく、遺体の検死に関わった東大と慶大でも意見が分かれるという謎の多

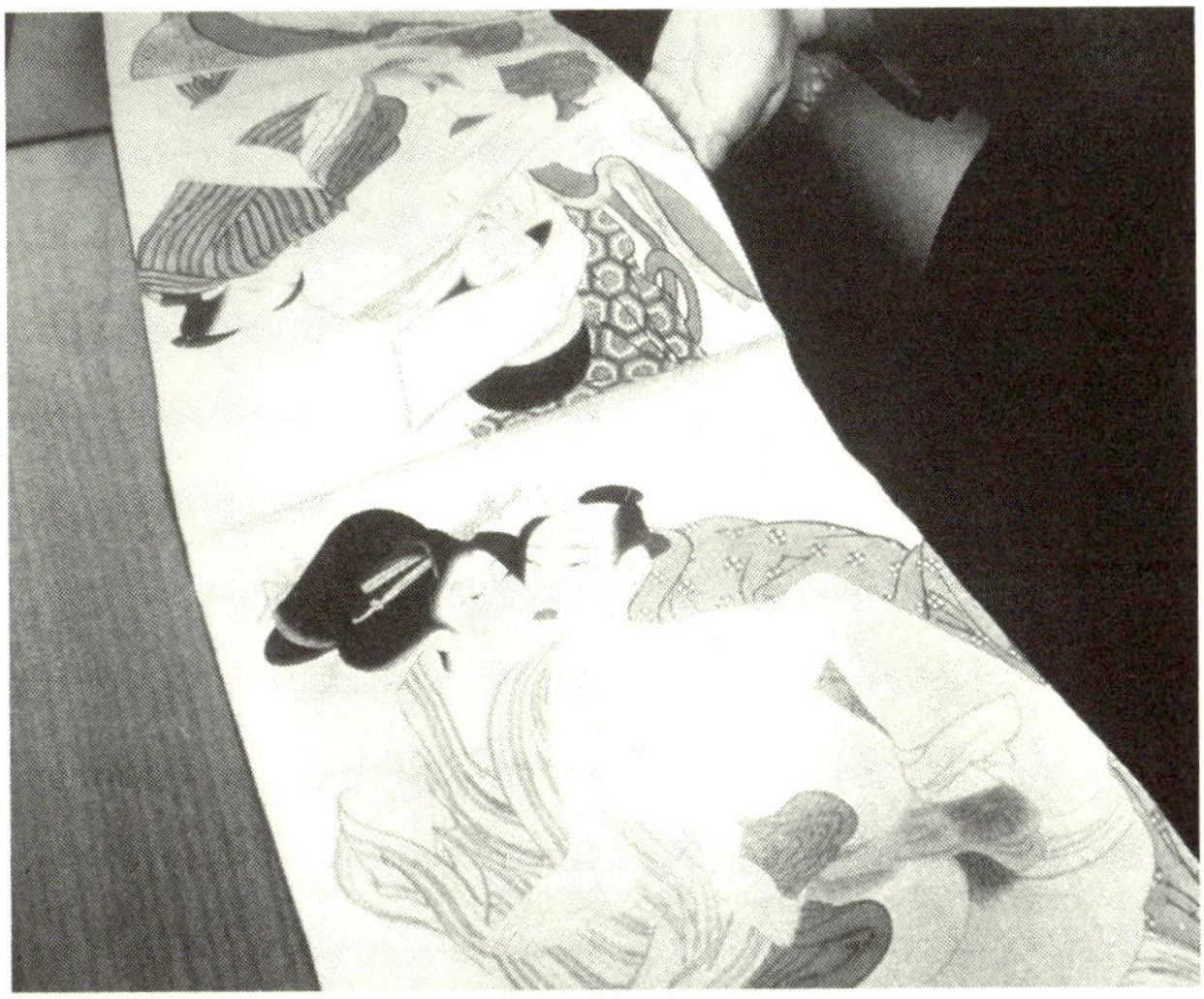

平沢貞通が描いたと言われる春画（『フライデー』2000年6月9日号より）

い事件だった。結果、警視庁は自殺で片付けた。その後他殺説が有力となっているが、いまだにハッキリしていない。

私は下山事件については他殺説を支持するが、そう思うのは春画の存在である。真面目で通っていた下山が、個人用の秘密のロッカーに春画を多数隠し持っていたからだ。春画を残して自殺をするわけはない、というのが私の見方である。

男子たるもの、ワイセツな何かを隠し持っているのは常と思うが、それを身近な人に見られたくない、見つかってしまえば死んでも死にきれないと思うのもまた道理だろう。真面目人間の下山総裁が、春画を残して自殺などしないだろうという考え方も成り立つかもしれない、というのが私の意見だ。

さて、話を戻そう。

帝銀事件の犯人が平沢でないとするならば、一体誰が真犯人か。有力な説は旧陸軍の731部隊の関係者、ということになるのか。けれどこれとて犯人像は茫洋として絞り込めず、まるでイリュージョンのように明確ではない。だからこそ今日まで謎とされているのである。

そんななか、私がこれぞ真犯人ではなかろうか、と睨んでいる人物が、前出の〝ある人物〟である。とりあえずXという仮称で話を進めていくこととする。

731部隊幹部をもゾッとさせた人物

731部隊の衛生班に所属していたXの評判はきわめて悪かった。それは子供たちを対象に人体実験を実践していたからだ。子供の体内に結核菌を注入し、じっくりと弱まっていく様を観察して死ぬのを確認していたのである。まるで真綿で首を絞めるように、ジワジワと苦しめて死に至らしめる。いくら戦争とはいえあまりに冷酷無比な行為ではないか。

シェルダン・H・ハリス著『死の工場　隠蔽された731部隊』（訳：近藤昭二、柏書房）によると、現在、アメリカのユタ州ダグウエイの砂漠地帯にある研究センター内の専門図書館に、731部隊に関するデータが保管されている。長い間、トップシークレットの指定を受けていたが、一九七八年に解除された。

このデータのなかにXが登場するのだが、世界を震撼させた非道な行為をした731部隊の幹部さえ、「ゾッとする」とXに嫌悪感を抱いたというのだ。さらに731部隊の初代隊長・石井四郎は戦前、金沢医大で講演し、Xについて触れていたという。Xは旧制金沢医大の出身であったからだ。そして金沢大学教授の古畑徹は「731部隊と金沢」という講演のなかで、こう述べている。

「金沢医科大学の教授に谷友次《たにともじ》という人がおり、その弟子にX（実名で表記）がおりました。Xは結核や梅毒などを研究しておりました。結核に関しては子供を使った実験が行われたと何人もの証言で分かっています。このことからXに対して悪口をいう人が結構多いと聞きます」

Xは一九〇八年生まれ。金沢で育ち、石川県立金沢第一中学校（現、県立金沢泉丘高校）から第四高等学校を経て旧制金沢医大（現、金沢大学医学部）に入学した。大学では細菌学を学び、やがて医学博士となった。

私はこのXこそ、帝銀事件の真犯人だとにらんでいる。

お伝の陰部所有者、X

モーゼル式八連発拳銃で撃たれ、その後命を落とした第二七代総理大臣・濱口雄幸。その遺体は、京大教授・清野謙次の手で検死・鑑定された。清野は世界的な医学者という名声の反面奇行でも知られ、明治の毒婦といわれた高橋お伝のアルコール漬け陰部の論文を書いた、と前章で述べた。

その後、お伝のアルコール漬け陰部の行方はどうなったのか調べていくと、なんとXが所持していたのだった。

終戦直後の一九四六年、Xは上京した。そして医学とまったく関係のない右翼系の政治・経済関係の雑誌を発行していたのである。そんな中、恐喝容疑で司直の手が伸びた。部下の社員たちは、証拠隠滅のために書棚の中を整理し遺棄した。遺棄したなかにお伝のアルコール漬け瓶があったわけである。

とはいえそれが高橋お伝のものとは誰も気がつかなかった。なにしろ瓶の表示は古く、内容を読み取ることはできなかった。ドイツ語で書かれていたはずだから一般人に読解は難しい。社員は単なるゴミの類と思って新橋付近のゴミ箱に捨てた。

ところがこれを拾った人は、人間の肉片だろうと警察に届け出た。一方、お伝のアルコール漬けを秘匿していたXは、それがないことを知ると警察に遺失物はないかと駆け込み、結果、Xは「これは私のもの」と持ち去った。こうして高橋お伝のアルコール漬け陰部の所有者として、Xの身許はバレてしまったのである。

それにしてもXはいつ、いかなる場所でお伝のアルコール漬けを手に入れたのだろうか。

一九四五年八月一五日の終戦と同時に、731部隊の幹部クラスの命により、人体実験の標本類が一斉に処分された。人体標本を入れたガラス広口瓶、パラフィン処理を施した人体組織標本、さらにミイラの人体標本などだ。むろん証拠隠滅のためである。遺棄された場所は現在の厚生労働省戸山五号宿舎あたりといわれている。

その際、高橋お伝のアルコール漬け陰部も一緒に投げ捨てられたのだが、何者かが拾い上げて持ち去ったらしい。それがXだったのか、別の元隊員だったのかは定かではない。拾い上げた元隊員からXが譲り受けたことも考えられる。いずれにせよXの掌中になったわけだ。

お伝のアルコール漬け陰部はその後、浅草・松屋デパートでお目見えされていた。題して「若き人々におくる性生活展」という催しだった。要するにデパートが客寄せパンダにお伝のアルコール漬け陰部を利用したのだ。展示は大盛況であったようで、当時のデパートのチラシいわく、「好評につき期間延長」とのことである。しかもこの展示会、当時の厚生省、文部省、東京都が後援というのだから、驚きである。ちなみに主宰者は総合科学研究会なる怪しげな組織。この組織にXが関わっていた可能性は否定できない。

さらにXを追跡した。

Xは後年、都内で勤務医をしていたことがわかった。その事実を知った私は東京・新宿の医院を訪ねていったが、院長はXが在籍していたことは認めつつ、かなり前から没交渉で具体的なことは何も知らないとのことだった。

Xには戦後、どうもきな臭い話が多い。たとえば彼は株式会社日本ブラッドバンクの創設にも関わっていた。血液はアメリカの貧民層から安く集めたといわれ、ミドリ十字に社名変更した同社はやがて薬害エイズ問題を引き起こす。またXは晩年になって宗教組織を立ち上げている。これとてさまざまな問題を孕んでいたらしい。たとえば自分の患者を勝手に入会させて本部（イスラム圏）から資金を詐取していた、というのだ。

Xはその間も、お伝のアルコール漬け陰部を大事に保存していたのか。あるいはどこかに遺棄したのか。それともお伝の墓に埋葬したのか。

私は数年前、都内の大学で教育論を教えている女性准教授と新宿・大久保のコリアンタウンで食事をした際、Xのことを話した。四〇代後半の准教授は、かつて731部隊の現地調査に同行した経験を持っていた。したがって731部隊に関して造詣は深い。准教授は私にこう言った。

「いくら探してもそんなもん（お伝のアルコール漬け陰部）はありません」

「なぜお伝のそれはないのですか？」

「たぶん、Xは性的異常者でしょ。子供に執着する傾向も見られますね」

「子供に執着する傾向」とは、731部隊にいた頃の人体実験を指している。そして彼女はこう言った。

「私の考えではね、このXは自ら食ってしまったんでしょう」

「食ったって？」

「お伝の陰部を食したってことよ」

「何ですって！」

「医師という人間のなかには、信じられぬヘンタイがいるんです。731部隊にいる時に子供を実験台にした。子供に執着があるからです。それにお伝の陰部所有者という一面を考え併せますとね、食したに違いありません」

陰部を喰らったかどうかは、もちろん証拠があるわけではないしわからない。第一、長年アルコール漬けにした陰部を喰らうことなどできるのか。梅干しとはワケが違う。ピクルスにしたところでそう長い間もたないだろう。

だが、准教授の衝撃的な言葉は、しばらく私の脳裏から離れなかった。その後、調べを進めていった私は、731部隊の隊長である石井四郎が米国人科学者のインタビューに応えて次のように言っているのを知った。

「あの事件の犯人は私の部下のなかにいるかもしれない」

あの事件とは、帝銀事件のことだ。

その瞬間、Xの特異な性癖や子供ですら人体実験の対象とする猟奇的な特性と、石井四郎の証言がシンクロしたのだ。

帝銀事件の真犯人は、Xではないのか……！

後日、Xの写真と帝銀事件犯人のモンタージュ写真を見比べてみた。ルーペを使って覗くと、あっと声をあげてしまった。なんてこった！　優しそうでイケメン風なところがソックリではないか。

二人の年齢もチェックしてみた。目撃者によると、当初犯人像の印象は、「年齢四〇歳ぐらい」とされていた。Xの年齢は事件当時、数え年で四〇歳。まさにズバリである。

そしてXは帝銀事件の二年前に上京し、前述した政治・経済関係の雑誌を発行していた。

つまり事件発生時、東京にいたのである。雑誌の経営は、恐喝事件を起こしたり順調とはいえなかったようだ。したがって事件を起こす動機として、「金目的」であることも説明がつく。ちなみに帝銀事件では約一八万円が奪われている。現在の価値に換算すると一〇〇〇万円を超えているだろう。

731部隊の隊長・石井四郎が「あの事件の犯人は私の部下のなかにいるかもしれない」と米国人科学者に証言している、と述べた。米国人科学者とはムーレイ・サンダース、アーヴォ・T・トンプソン、ノーバート・H・フェル、エドウィン・V・ヒル博士らである。彼らは731部隊の幹部から聞き取り調査を行った。インタビューの記録は二〇本以上にのぼった。このデータのなかにXが登場しているというのだ。

第二次大戦後の世界の覇権争いのなか、ソ連をけん制していた当時のアメリカにとって、731部隊の人体実験のデータは咽から手が出るほど欲しい貴重な資料であった。石井四郎ら731部隊の幹部クラスは、人体実験のデータをアメリカに差し出す代わりに戦犯を逃れたのである。

石井はその後、若松町（東京・新宿区）界隈で医院を開業する傍ら、チャッカリと旅館の主人にもおさまった。主な宿泊客はGI（米軍兵士）で、しかも女を世話していたらしい。石井はこの地で生涯を終え、近くの月桂寺に葬られたという。享年六七。

帝銀事件が発生した時、石井は犯人の目星をつけていたに違いない。それが誰か、石井は明言しなかったが、私にはX以外考えられないのだ。

いずれにせよ、犯人たるにはまだまだ情報不足であった。私はXに関するドキュメントの収集に奔走することとなった。

Xは医学博士である。Xに関する資料を求めて、神田神保町や国会図書館に入り浸り、何かヒントになるものはないかと連日探しまわった。そしてXの手になる論文を見つけた。論文の題名は「安曇平の蚊族発生地の水相と水質」というものであった。シナハマダラカという名の蚊について論じていた。蚊は四回脱皮すると記している。

まるでXの人生を重ね合わせているようではないか。医学を志して人の命を救おうと懸命に勉学に励んでいた学生時代。医師となり戦争に巻き込まれて、731部隊に入隊して満洲の子供たちを実験台とした悪魔となった時期。そして明治の毒婦といわれた高橋お伝の陰部を秘匿した、異常な性癖の発露の時期。さらに……あの犯罪史上稀有な事件の……と私はそう勝手にレールをひいてしまった。

さらにXの博士論文を読んでみることにした。Xの博士論文は、国会図書館の関西館に収蔵されていたので、さっそく取り寄せることにした。職員から「古い資料ですから大事に扱って」と注意を受けた。小冊子がいくつかあり、クリアファイルに一冊ずつ収まっていた。数えてみると全部で一三冊あった。

博士論文のタイトルは「家兎神経系黴毒に於ける脳髄の組織的検索」というものであった。

医学の博士論文だけにところどころにドイツ語が散りばめられており、当然のことながら医学的知識のないものにとって、理解するのは簡単でない。

時間をかけて目を通してみたものの、あの毒殺事件に直接結びつくヒントを見つけることはできなかった。当然といえば当然である。将来の毒殺事件を想定して医学論文を書く人物はいないだろう。

Xの原点を追う

東京駅を出発して二時間半で金沢駅に到着した。雨はやや強くなってきた。空気もひんやりしている。北陸新幹線の開通まもない時期だからであろうか、観光客は多かった。とくに外国人の姿が目立つ。

駅前から金沢大学行きのバスに乗り込んだ。兼六園のわきを抜け、百万石通りを過ぎてどんどん人里離れて山の方へとバスは向かっていた。

Xは地元石川県の旧制金沢第一中学校を卒業した。この学校は現在の県立金沢泉丘高校で、県下ナンバーワンの進学校であることは今も昔も変わらない。毎年一〇人前後を東大に合格させ、金沢大学には一〇〇人前後を入学させている。二〇一三年一〇月には創立一二〇周年記念行事が行われた。この名門校でXは、高き理想を抱き、医師になることを決めたのだろうか。

Xは第四高を経て希望通り、旧制金沢医科大学に進んだ。現在、同名の大学が存在するが、まったく別もの。Xの母校は現在の金沢大学医学部に吸収されている。

「金沢大学百年のあゆみ」によると、Xが医科大学で学んでいた頃の授業はかなりハードな時間割であった。朝八時から夕方四時までびっしり勉強漬けなのである。当時の教授の名前も見える。笹森、大里、佐伯、山田、久保、村田……。

この他、沢山の写真も掲載されていた。教授の古希の祝いに、かつての教え子たちが集まり旧交を温めるような写真がいくつかあった。これらの写真の中にXがいるのでは、と探してみたものの、Xも、担当教授の谷友次も見当たらなかった。

バスに揺られて約五〇分、金沢大学（角間キャンパス）に到着した。まさに山の牧場といったところに金沢大学付属図書館・資料館はあった。

この資料館のどこかにかつて、石井四郎の講演記録があったらしい。石井は一九四一年に金沢大学の前身、金沢医科大学の大講堂で講演している。この講演の中で731部隊のことに触れている。そしてXのことにも……。

この原本を見たい！　ひょっとすると講演は録音されているのかもしれない。とすればテープが残っている可能性も否定できない。

金沢大学の資料館はきちんと整頓されていた。窓のない倉庫のような地下一階、一階、二階と軒並み整然とスチール書棚に書籍が並べられていた。しかも塵ひとつ落ちていなかった。二階では学生たちが熱心に勉強中であった。

ベテランの職員に訊いてみた。石井四郎の講演記録を閲覧したい、と。しかし職員は「昭和一六年ですか、そんな古い資料なんて」と大仰な仕草をみせ案の定、石井四郎という名前どころか731部隊のこともあまり存じ上げていなかった。

そこで、旧金沢医科大学では大学史を作るために資料収集につとめていたこと。薄暗い書庫の中に眠っていた古い資料を見つけたこと。資料は昭和一六年に金沢医科大学を訪れた731部隊の初代隊長・石井四郎の講演記録であったことなどと詳しく説明すると、職員は、「大学は平成になって移転し、その時に大規模な資料の整理が行われた」とつけ加えた。大学はかつて金沢城内にあったという。古い資料の整理はまだ続いているらしく、段ボールに詰めて蔵にあると職員は言った。

果して石井四郎の講演記録はあるのか、それともないのか。

職員はこちらの意を汲んでスタッフ数人で探してくれたものの、結果、石井四郎の講演記録の資料を見つけることはできなかった。「ここ（角間キャンパス）ではなく医学図書館（宝町・鶴間キャンパス）の方かもしれません」と職員の一人が言った。

もっともたとえ講演記録を見つけたとしても、石井は母校の後輩たちや大学職員に向かって、Xの悪口など言うわけはないだろう。Xの長所、つまりいい部下であり研究熱心なところを声を大にしてしゃべったに違いない。万が一、Xの悪魔的行為に言及していたとしたら、大学の名誉のために廃棄するだろう。

仕方なく広辞苑のような分厚い『金沢大学五十年史』を見ていると、たちまち時間が過ぎた。その日はXに関する新たな情報を得ることは出来なかった。

翌日の午前八時、ホテルを出発した。行先は金沢大学医学部付属医学図書館であった。こちらは山の方ではなく、街中の宝町・鶴間キャンパスにあった。金沢大学病院も併設されている。

旧金沢医科大学の前身、金沢医学館の第一期生九人の銅像が目に飛び込んできた。金沢大学医学部創立一五〇周年を記念して造られたものらしい。その後、金沢医学専門学校を経て金沢医科大学に昇格したのは、一九二三年四月のことであった。教授二〇名と助教授一八名。最初の二年間は基礎科目として解剖学、生理学、医科学、細菌学、薬物学、病理学などを学び、三年、四年で臨床科目、内科学、皮膚科、性病学、小児科学、衛生学等を修める。

Xを語るには担当教授の谷友次を語らなければなるまい。谷は昭和三〇年代半ばに前出の新宿の医院にXを世話した人物である。Xより一二歳年上の谷は、Xと同じ第四高を卒業した。同期には後の731部隊の初代隊長、石井四郎がいた。ともに京大医学部に進学して同大学を卒業した。谷はその後、ドイツに留学。帰国後に金沢医科大学の教授となった。それが一九二五年、大正一四年のことであった。

谷の専門は細菌学である。講義範囲は細菌、ウイルス、真菌、原虫等の微生物並びにその感染免疫だ。当時、社会問題となっていた梅毒に、谷は取り組んでいた。まだペニシリン発見前のことで、どの国もこの病に頭を悩ませていた。ちなみにXの博士論文も梅毒に関するもの、これは前述した通りだ。

三〇年以上の大学在職中、谷の自慢は、昭和天皇に特別講演をしたことであろう。昭和三三年一〇月二四日、金沢大学に昭和天皇が訪問した時のことだ。昭和天皇、皇后を前にして説明する谷友次の雄々しき姿の写真が残っている（『金沢大学写真で見る五〇年』）。天皇は谷の講演に興味をもったのか、予定より三〇分も時間をオーバーしていた。それだけ谷の話術に魅了されたのか。

ところで谷の試験の厳しさは、学生間でつとに有名であった。この谷にXは見込まれていた。さぞ研究熱心であったのであろう。そんなXが途中で変節してしまうとは、人生とはわからないものである。なぜ変節してしまったのか。いろいろな要因があると思われるが、その一つは、ペニシリンの発見により梅毒が激減し、一段落をしてしまったことも挙げられるだろう。次なる研究テーマが見つからなかったのか。

とはいえ、やはり一番大きな原因は、日本が戦争にのめり込んでいったことに違いない。国の命令によって７３１部隊に参加せざるを得なかったのだから。

何度も言うけれど、７３１部隊の初代隊長は石井四郎だ。石井は金沢医科大学で講演している。

石井軍医少将ノ御旅程ハ来ル二一日午前七時二六分金沢駅着（筆者注：昭和一六年四月）。午後一時よりおよそ三時間の講演。講義室は金沢医科大学大講堂。参加者は本学学生、研究科学生、専攻生、医学並びに薬学専門部本学職員、約百人トス。同夜宮保旅館宿泊。

（『金沢大学五十年史』より）

石井はこの講演で731部隊のXのことに触れていたというが、金沢大学付属医学図書館でも、原本となるべき講演記録もテープも見つけることができなかった。

ところで、石井四郎が宿泊した宮保旅館は現在どうなっているのか。たまたま金沢市街で駐輪係をしている年配の男性に訊いた。

「ミヤボリョカンかい、知ってるよ。この近くだよ。でも今はないよ。あの旅館ね、巨人軍の定宿だったんだよ。金沢でプロ野球の試合がある場合、巨人の選手があの旅館に泊まっていたんだ。ファンがよくあの旅館に押しかけたもんだよ。サインをもらいたくってね。私もサインをもらったよ。王さんのだ」と言って嬉しそうに顔を崩した。

宮保旅館の跡地は駐車場になっていた。隣接する人の話では、三〇年前に火災に遭ったという。かなり大きな旅館であったらしい。

さて、Xの高校を訪ねることにした。前述した通り、Xは旧制金沢一中を卒業している。現在の石川県立金沢泉丘高校である。現在、偏差値で県下ナンバーワンの高校だ。

校門を入ると創立者であろうか、胸像があった。教務課で尋ねると、幸いこの日、同窓会事務局長が来ているとのことで紹介された。中山一郎さんだった。中山さんは昭和三〇年の卒業である。まもなく八〇歳になろうかという高齢であるが、かくしゃくとしていた。こちらの意を汲むと早速一階の部屋に案内してくれた。

まるで昔の理科室のような、薄暗くだだっ広い部屋であった。ここには旧制金沢一中、金沢一高、金沢泉丘高校と校名は変遷するものの在校生、職員等の情報がすべて収められている。つまり卒業生約四万人（故人を含む）の個人情報があるのだ。昨今では開示は難しいのではと半ば取材を諦めていたが、中山さん、実に協力的であったのだ。

鴨居の上にはモノクロの写真がズラッと掲げられており、旧制金沢一中時代の校舎や当時の学生たちが写っていた。校訓（旧制一中時代）の横額は、ところどころ破れている。部屋のほぼ真ん中にショーケースが陳列され、中に昔の生徒の文集や教科書等が展示されていた。そのわきにスチールの書棚が二列にわたって幾つも並んでいる。書棚の中にはファイルがぎっしり詰まっていた。中山事務局長は、左端のスチール書棚の前に立ち、持参した鍵の束から一つを選んで開けた。ここには明治期のものから昭和時代までの生徒のマル秘書類がおさまっているという。

中山さんは、しばし探していた。やっと一冊のファイルを取り出してきた。

「あ、これだな」

取り出したファイルの中はＢ５判サイズの和紙の綴じ込み書類であった。古いせいでシミが浮き出ていた。表紙には「学友会名簿＝大正一四年五月調べ」と記されてあった。

この中にXの情報があるかもしれない。そう思うと体が引き締まってくる。はやる気持ちを抑えて、中山さんを見守った。ページを捲ると生徒の名前がぎっしり。この中からXの名前を見つけるのは、なかなか大変である。まして中山さんは八〇近いご高齢である。分厚い老眼鏡をフィットさせながらXの名前を探す。ページをめくるのもスンナリとはいかない。

中山さん、指に唾をつける。貴重な資料、大丈夫なのかと心配していると、「アンタも一緒に探してくれ」と命じられた。私も老眼鏡をかけ中山事務局長とともにXの名前を探す。が、いささか興奮していたせいか熱気でメガネが曇りはじめてしまった。メガネを拭きなおして再びXの名前を探す。古希を過ぎた男二人が、薄暗い理科室のような部屋で古い書類の中のXを探す。なかなか見つからなかった。

そのうち、中山さん、ブツブツ言いはじめた。「昼メシ時間にいきなり来るから」と、空腹感に伴う苛立ちも手伝って不機嫌になった。私はひたすら平身低頭、何度も頭を下げるしかなかった。もっとも中山さん、なぜXを調べているのか、という突っこんだ質問はしてこなかった。

中山さんと一緒にXを探すことしばし。と、Xの名前を見つけた。緊張はさらに増した。

名前のわきに〝四了〟の文字が見えた。

「ヨンリョウ？」

「旧制中学は五年制。五年で終了、つまり卒業です。この人は四年で終わっている」

「飛び級ということですか？」

「そういうこと。優秀だったんだね、この人は」

「首席だったんですか？」

「かもわからない。いま調べるからね」と中山さん、やけに積極的になってきた。さらに別の書類を取り出してきた。

「この人は旧制金沢一中の四年四組に在籍していました。学年は全部で一七九人でした。ほら、ここを見てください。この人の名前を赤の斜線で消してあるでしょ。このまま進学すれば五年二組になるハズでしたが四了だから消してあるんです」

「四了は何人いたんですか」

「えーと、四了は九人です。一七九人中で」

Xは一六歳で旧制金沢一中を四了で卒業して、第四高等学校理科乙類に入学した。一九二六年のことであった。

それにしてもXはどこで生まれ、どこで育ったのか。少なくとも金沢で少年時代、青年時代を過ごしている。とすれば金沢で生まれ、金沢で育ったと見るべきだろうか。

「Xの当時の住所は分かりますか？」

「ちょっとこれ持っていてくれませんか」とぶ厚いファイルを渡された。中山さん、別なスチール棚からファイルを持ち出してきた。にわかに機敏な動きになってきた。早くコトを済ませて昼メシにありつきたいのか。で、昼食後でも構いませんが、と一言申し上げたのだが、「いや、探します」といささかムキになっていた。再び私も一緒に探す。

と、あった！　名前の下の住所欄に「三構44」と記されていた。保護者の名前も読みとれた。

「この住所は現在ないな。なんと読むのかな。ミツガマエかな」と中山さん。さらに「市役所に行けば現在の位置がわかるはずだよ」と親切に教えてくれた。そしてXの東京の住所（東京・杉並区）もわかった。中山さんに感謝の礼を述べて金沢市役所へと急いだ。

三階の道路管理課では当時の地図と現在の地図を重ねて、「三構44」のほぼ正確な位置が特定された。やはり「ミツガマエ」と読む。すぐさまタクシーを飛ばして現場へ。

現在では芳斉二丁目周辺で、北陸労働金庫本店の隣接する駐車場付近であった。近くに鞍月用水が流れているのも今も昔も変わらない。

周辺の民家を訪ねたのだが、Xを知る人はいなかった。

翌日、Xが学んだ第四高に行った。現在は金沢文学館になっている。さらに金沢一中の跡地へ。わずかな面影はモミの木であった。戦後、道路の妨げになるからと伐採計画が持ち上がったが、卒業生がこぞって反対したという。確かにこのモミの木のおかげで道路が狭くなり、車はスピードダウンするしかない。「おかげで交通事故がない。皮肉な結果」と伐採に反対した一人、中山さんが言っていた。

目当てにしていた石井四郎の講演録を見つけることはできなかったが、とりあえず、Xの住所を確認することはできた。私は物足りなさと少しの達成感の両方を抱いて金沢をあとにした。

忽然と消えたX

帰京後、さっそくXの住んでいた住宅を探しに出かけた。JR中央線に乗って荻窪駅で下車。環八通り沿いを進む。環八はトラックやダンプ等営業車がひっきりなしに行き交い、道路わきのサツキやアジサイが排気ガスでうす汚れて見えた。

人に度々尋ねて、ようやくXの住んでいた地名に辿り着いた。そこはガレージ付の大きな二階建てだった。ブザーを押しても人の返事はなかった。このあたりは高級住宅が並んでいた。

と、近所の家で年配の女性が広い庭の植物に水やりをしていたので訊いてみた。

「Xという人？　さあ、あまり記憶はありません。道路を挟んで町内会が別ですからね、挨拶も交わしたことありません」と、はじめは口が重かったのだが、少しずつ昔を思い出したのか、年配女性は途中から饒舌になった。

「もともとこの敷地はIさんという人の土地でした。この辺一帯は全部Iさんの土地ね。ところがIさんは亡くなり、奥さんも施設に入ったんです。で、娘さんがこの土地を切り売りしたんです。買ってきたのがXさんでした。Xさんは二階建ての家を建てたんです。ところが、あっという間にいなくなりました。さあ、理由はわかりません。それでも一年ぐらいは住んでいたかしら。何があったのかよくわかりませんけど、まるで夜逃げ同然に消えましたわ」

さらに訊くと、Iは元軍人だと言った。とすれば731部隊繋がりでこの土地を購入したのだろうか。

それにしても夜逃げ同然に忽然と消えたX。この頃、Xはある種のトラブルを抱えていた。このために人に追われていたのかもしれない。

トラブルというのは、Xが立ち上げた教団のこと。勤務医の患者をすべてイスラム教に入信させて、アラブ産油諸国から援助金を得ていたというのだが、入信が偽りであったことがバレて問題となったらしい。それともXは戦後、日本ブラッドバンクに関わっていたが、この会社は後にミドリ十字となり、やがて薬害エイズ問題が表面化したからだろうか。いずれにせよXは忽然と姿を消したのだ。

Xがなぜ宗教に傾斜していったのか。その心の動きはわからない。過去の贖罪の意味があったのであろうか。そういえば、梅毒で悩まされたという大川周明もまた、同じ宗教に関心を寄せていったのは、たまたまの偶然だったのか。

Xはまるで何かに追われるように、どこかへ引っ越してしまった。Xが勤務していた医院の院長の言葉が思い出された。院長は私に向かってこう言ったものだった。

「世界的な俳優、三船敏郎もそうでしたが、輝かしい足跡を残した人は、晩年は寂しいというじゃないですか。あの人も奥さんと離婚し、子供たちも寄りつかなかった。晩年は寂しいものでしたね」

ひょっとするとXは孤独死であったのかもしれない。

Xにより実験台にされた満州国の子供たちと、帝銀事件の被害者の一人、滝沢吉弘くん（当時八歳）とが、なぜかダブってしまう。そして毒物に関する専門的な知識を持っていること。加えて年齢、面貌が犯人とよく似ている点。さらに一九四六年に金沢から上京、事件当時は東京にいたということ。何より石井四郎の発言……。これらを鑑みて私は、Xが帝銀事件の真犯人の可能性があるのでは、と裏付けに奔走してきた。けれどあまりに時間が経ち過ぎて、裏付けるだけのドキュメントを得ることはできなかった。

一九九二年九月一八日、Xは八四年の生涯を閉じた。

死の直前、Xの目《ま》な裏には、己の人生がどうフラッシュバックされたのだろうか。

Xとは731部隊の石井四郎側近で、生体実験にかかわった二木秀雄のことである。

第4章 「男装の麗人」川島芳子

ある中国人留学生

葉山の御用邸から一台の黒塗りの車がスタートし、逗子駅に到着したのは午前七時一五分。車を降りて列車に乗り込み東京駅に到着したのは、午前八時四五分のことであった。そして東京駅から一路、市ヶ谷へ。

天皇はこの日、陸軍士官学校の卒業式に臨席した。一九二九（昭和四）年七月一七日のこと。東京地方は南よりの風、晴れ一時曇りと気象庁では伝えていた。

会場には梨本大将宮、閑院元帥宮、宇垣陸軍大将、奈良武官長、鈴木侍従長、矢野侍従武官、武藤教育監、林仙之校長の顔も見える。卒業生は日本人、外国人留学生あわせて六五〇余名。優秀な学業成績者の名前が次々と読み上げられて、九人が銀時計を下賜された。

陸軍士官学校、いわゆる陸士では首席は演説（スピーチ）をするのが卒業時の恒例行事であった。この時の首席は「旺盛なる士気について」という演目で、声高らかに演説していたという。

卒業生たちは、〝旺盛なる士気〟に湧き立ち、祖国のために頑張ろうという気概を新たにしたに違いない。この中国人留学生もその一人であったろう。

金憲開。清の皇族、粛親王の第一八王子で、「男装の麗人」あるいは「東洋のマタ・ハリ」といわれた川島芳子の実弟である。芳子に似てなかなかハンサムな憲開だが、陸士卒業後、たったの二週間後に命を落とす運命になるとは、本人はもちろん誰が予想したであろうか。

憲開の命を奪ったのは、あのモーゼル式八連発拳銃であった。

濱口雄幸狙撃より一八か月前の出来事であった。

なぜゆえに憲開は命を奪われたのか。結論からいえば、誤射事故であった、と当時は処理されている。

だが、調べていくと誤射事故とは到底思えないことがわかった。これは暗殺だ、と私は睨んでいる。

陸軍士官学校の卒業式は、翌日の新聞で報じられた。天皇が馬にまたがり敬礼している写真に、こうキャプションがつく。

「士官学校卒業式に行幸　初緑に召され校内ご巡覧」

「聖上の親臨を仰ぎ　士官学校卒業式　剣道馬術なども天覧」

中国人留学生の卒業名簿を見ると、憲開は七七番目に記されてあり、名前のわきに「歩」という文字が見える。これは歩兵隊の意味。「騎」は騎兵隊で「工」は工兵隊のこと。憲開は歩兵隊に所属し、学んでいたのだろう。

憲開がいかにして〝事件〟に巻き込まれていったのかを述べる前に、中国人留学生について触れておこう。

中国人留学生の歴史は古く、第一期生は一九〇〇（明治三三）年である。このときは四〇余名が学んでいた。ちなみに一期生のなかには後の陸軍大臣、小磯国昭がいた。

一九〇〇年といえば義和団事件である。中国を舞台に、駐留するイギリス、アメリカ、ドイツ、フランス等外国列強を排除するという、いわゆる排外運動による動乱だ。結果、北京は列強によって制圧され、西太后は遁走した。そして清国は莫大な賠償金を列強に支払うこととなった。

略奪と窃盗の横行――。中国の貴重な品々は国外に大量に持ち出された。盗品を売買するビジネスまであらわれる始末であったという。ひょっとすると前述した清野謙次の集めた敦煌の写経なども、この類であったのかもしれない。

こうして清国はさらに滅亡の一途を加速させていく。清国の皇族、粛清王は娘を日本人へ養女に出し、子息は日本の陸士に留学させた。日本を頼り、縋《すが》っていたのである。日本にとっても満蒙復辟の意図があるから、利害はうまく合致していたのだろう。渡りに船といったところか。

さて、憲開の陸士同期生には、後に中将となった有末精三や韓国の王族、李王垠がいた。有末は第三六代内閣総理大臣、阿部信行の成立の立役者ともいわれ、終戦直後、陸軍とGHQとのパイプ役で戦犯をうまいこと逃れた。

もう一人の同期生、韓国の王族李王垠は、日本の皇族梨本宮家の第一王女・方子と結婚し、数奇な運命を生きた人であった。李は日本政府の招きで訪日して学習院、陸軍中央幼年学校を経て陸士に入学した。陸士に入る数年前に方子と結婚。二人は日本と朝鮮の架け橋となる政略結婚であった。何度もドラマや芝居になっているからご存知の方も多かろう。

他の陸士同期生には中橋基明と栗原安秀がいた。二人は後に、二・二六事件に参加し、銃殺刑となっている。

一般に陸士に入ることはそう簡単ではない。難しい試験を突破しなくてはならない。なにしろ全国の中学校の秀才を集め、一高、三高と並び称されるほどであった。ただし、中国人等外国人留学生の入学は皇族、王族関係が多く、推薦であったと思われる。

卒業旅行が悲劇に一転

陸軍士官学校の卒業式を終えた憲開は、仲間と東京駅から列車に乗り込み大分県の別府に向かった。卒業旅行のようなものであった。仲間は憲開ふくめて六人。全員同胞で気の合った同期生だから、車中では気兼ねなく中国語をしゃべりまくっていたに違いない。まだ二二、三歳の若者ばかりだ。陸士を卒業し、心は開放されウキウキ気分であったであろう。

憲開らが別府に向かったのは、ある人物からの招待であった。卒業祝いの、いわば〝お疲れさん会〟の宴を開いてくれるというものであった。表面上はお疲れさん会ではあろうが、実は今後の日中のことを含めた打ち合わせであったかもしれない。

招待主は張宗昌という人物であった。張は憲開の父、粛親王から大いなるサポートを受けて出世した人物で、一介の門番からのし上がり、ついに将軍にまでのぼりつめている。人は張を狗《いぬ》将軍と呼んでいた。荒々しい性格で、言ってみればいささか乱暴者であった。

だが、この乱暴者はひとたび味方にすれば頼もしい人材となる。このあたりが粛親王のお眼鏡にかなったのであろう。

大恩人の息子である憲開を、恩返しの意味も込めてもてなす宴に呼んだのであろう。すでに恩人の粛親王はこの時、病没していた。親代わりの意味もあったかもしれない。

当然のことながら、憲開は小さい頃から父親にかしずく張の姿を見て育ってきた。あるいは張から面倒を見てもらったかもしれない。

粛親王の屋敷はものすごく大きかった。敷地は信じられぬほど広大であったといい、大袈裟に「朝鮮半島ほどの大きさ」という人もいたという。粛親王は京劇がお好みだったようで、五〇〇〇坪の自宅の庭に舞台を作って京劇の一座を呼び寄せて公演させていたというから、さすが清の皇族というべきか。大邸宅には執事、召使い、使用人等は約一〇〇人。なにしろ粛親王には六人の妻がおり、子供は三八人もいた。

第一八王子の憲開は、そんな贅を尽くした環境の中で育った。一方、張はエリートではない。成りあがってきた人物である。言ってみれば対照的な生まれと育ちである。

ところでなぜ張宗昌が別府に滞在しているかといえば、中国から逃れて日本に亡命していたのである。約三〇〇年つづいた清の帝国が崩れ、蔣介石率いる勢力、外国列強の思惑、加えて満洲独立や蒙古独立を目論む日本、それぞれ利権の絡む思惑が入り乱れ、しのぎを削っていた中国本土。粛親王の一派のやんごとなき形勢の悪さに、張は日本に逃れた。そしてカウンターパンチを狙うべく、その機会を日本から窺っていたというわけだった。

この宴には憲開ら卒業生の他に誰が参加していたのか。日本人はどんなメンバーであったのか。具体的な資料は残されていない。ただハッキリしていることは一九二九年七月三一日と八月一日、二日である。

別府警察署の調べによると、七月三一日、陸士卒の六人は二度目の宴に出席した。翌日に帰京するためのお別れ会があったというのだ。席上、陸士卒の六人はそれぞれ五分間のスピーチを述べた。参加したのは分かっているだけで招待主の張宗昌をはじめ中国の亡命要人らであった。温樹徳少将もその一人。当然日本人も参加したであろうが、名前は詳らかでない。

宴の後、陸士卒らは市内をドライブした。この時、張も彼らと一緒に行動したと思われる。西に鶴見岳を望み、東に別府湾が広がっている。別府湾に注ぐ流川通り沿いを、陸士卒の若者を乗せた車は走った。

途中、ビリケン・カフェという場所でしばしの休憩をとった。このあたりは繁華街であった。カフェは現在の喫茶店ではなく、ホステスのいる店であったようだ。その後、陸士六人のうち四人は、この日ビリケンホテルに泊まった。残る憲開と親友の李祖望の二人

死の直前の金憲開（左から４人目）と張宗昌（左から３人目）

は、張宗昌の滞在先である昭和園に戻り宿泊した。そして翌日の八月一日、金憲開は、かのモーゼル式八連発拳銃で狙撃されるのだった。

この朝、昭和園の庭で記念撮影が行われた。被写体は陸士卒の六人と張宗昌のあわせて七人であった。いま私の手元にその時の写真がある。昭和園の庭に七人が写っている。前列には五人。後列には左右の端に一人ずつ立っている。前列のセンターには口ひげを蓄えた、一見いかつい中年男が庭石のようなところに坐っていた。この男が張宗昌であった。張の右隣りのイケメン風な人物が憲開だ。ほとんど坊主頭であるけれど憲開だけは髪を伸ばしていた。この二人を中心とした写真の構図となっていた。

憲開は右手に扇子を持ち、左ひざを立てていかにも清の皇族の威厳さえ漂わせている雰囲気だ。いっぽう隣りの張は、なぜか苦虫を噛み潰したような表情で、憲開とは逆の方を向いている。一見、反りの合わぬ二人が仕方なく隣同士で座っているといった雰囲気である。いや二人と言うより張の方が一方的に嫌っている、という感じ。その様は憎悪を抱いているような腹立たしい面立ちに見える。

この写真が撮られて一〇時間後、つまり帰京する直前に、憲開は、張宗昌の所有するモーゼル式八連発拳銃によって射殺された。

昭和園四号館の前で陸士卒たちは帰京するために車に乗り込もうとした。その瞬間、「パーン」という音が響いた。午後八時半頃のことであった。憲開は他の陸士卒から少し離れたところにいたらしい。

当時の新聞をみてみよう。

〜ピストル誤って発射　粛親王の遺子に命中〜
　　昨夜別府市の旅館で
別府滞在中の支那亡命中の張宗昌氏が一日夜訪問した支那留学生の腹部をピストル

張宗昌氏の弟
ピストル誤って發
肅親王の遺子に命中
昨夜別府市外の張氏

中の支那亡命客張宗昌氏が一日夜訪問した支那留學生の腹部を
る。被害の學生は肅親王の王子金憲開氏（二十二）で、同氏は一日夜八時
室を訪れ階下で涼んでゐる際、二階にゐた張氏が
ルが突然發射したものでこの距離は二十二、三間あり、張氏は何
發射したものといつてゐるが、こと重大なので縣警察部から林田警察
中である。このピストルは

川島芳子の実弟、金憲開の射殺報道

で射抜いた事件がある。被害の学生は粛親王の王子、金憲開（二二）で、（略）二階（昭和園）にいた張氏は弄んでいたピストルが突然発射したもので、この距離は二二、三間（筆者注：四五メートル前後）あり、張氏は何心もなしに弄んでいたのが偶然発射したものといっているが、こと重大なので県警察部から林田警察部長、宮内特高課長ら出張秘密裏に取調べ中である。（略）憲開は生命危篤である。

憲開はすぐさま市内の内田病院に運ばれた。弾丸は憲開の大腸を貫通していた。緊急に弾丸の摘出手術が行われた。が、容態は回復せず翌二日午後一〇時五〇分に亡くなった。

憲開は撃たれた際に「刺客だ。将軍の身の上は」と呟いたという。将軍とは張宗昌のことであろうが、どういう意味であったのか。張が撃ったとはまるで思っていなかった憲開だろう、将軍の身を案じていたのだ。

本当に誤射だったのか

警察の調べによると張氏は当初、ピストルを撃ったのは秘書長・徐暁楼であると言い張っていた。「秘書長がピストルの手入れ中、誤って銃弾が飛び出た」と張氏はいい、こう言葉を続けた。「部下の責任は私の責任、全責任は私が負う」。

だが、まもなく辻褄の合わぬ点を警察に指摘され、張は銃を扱ったのは自分だと白状したのだった。それでも張は「誤射だ」と頑強に言い続けた。

日本の警察、検察も、中国人同士の事件で、まして相手は将軍といわれる権力者だ。かつ、今後とも満蒙復辟運動をめざして日本と手を取り合っていかねばならない相手である。その人物が「誤射だ」といっている。これ以上追及しても日本にとって何のメリットもない、そう判断したのかもしれない。張と粛親王の関係を知る人物も、恩義のある人物が

「子息を射殺するわけはない。誤射に違いない」と新聞にコメントを寄せていた。

結果、事件は「誤射」で片付けられた。

私は間違いなく殺人だと認識している。要因はいくつかある。

まずターゲットまで約四五メートルの距離である。誤射とはいわないだろう。明らかに狙い撃ちだ。加えて張は軍人である。拳銃の撃ち方ぐらい熟知しているハズだ。拳銃の操作を知らない素人ではないのだから。いくらなんでも「誤射」は無理がある。

では、射殺する動機は何であったのか。

私の考えでは、ズバリ長年の嫉妬に加えて憲開の振る舞いに原因があったのでは、とみている。王子である憲開は、年長者である張宗昌に対する尊崇の念が薄く、常に上から目線の物言いだったのだろう。さらに陸士卒を鼻にかけたかもしれない。エリート然とした態度をことさらに見せつけていたかもしれない。学歴のない張にとっては我慢のできぬことであっただろう。

さらにつけ加えるならば、子供の頃からの態度が、顔を覗かせたのではないか。これをしも皇族のプライドと憲開は思っていただろうが、張には傲慢に映り我慢ができなかった。

このまま帰してなるものか、と帰京の寸前に拳銃を発射したのかもしれない。

あるいは、こうも考えられる。粛親王に対する憎悪が息子に向いたということである。

粛親王の贅を尽くした生活ぶりを目の当たりに見てきた張である。粛親王の援助を受けた際、何かと恩着せがましい皮肉まじりの言葉を長年浴びせられて、言うに言われぬ屈辱を味わっていたのかもしれない。それが粛親王の死（一九二二年）によりタガが外れ、負の〝倍返し〟となり息子の憲開に向けられたのではないか、という考え方である。

いずれにしろこれらが重なり合って殺意が芽生え、モーゼル式八連発拳銃の引き金を引いてしまったのではないか。

憲開の遺体は内田病院で検死後、昭和園に運ばれ一階八畳間に安置された。そして通夜が営まれた。実弟の死を電報で知った兄の金憲立は、旅順から船（うらる丸）で日本にやってきた。来日した翌日の八月七日午後四時二〇分から告別式が昭和園の一室で執り行われた。喪主は憲立であった。

当時の九州日報には小さなベタ記事が出ていた。列席者の名前が記されてあった。張宗昌、呉光新両将軍、村井大分県知事、岩田愛之助、本山大分県知事代理、宮田特高課長、平山別府市長、ほか数名ということであった。

この中に見覚えのある名前はないだろうか。岩田愛之助。第1章で述べた通り、濱口雄幸の狙撃犯が所属していた団体の主宰者だ。

ところで、記事には川島芳子も養父の川島浪速の名前もなかった。死亡した憲開の実姉である。名前があってもいいはずだが、芳子は弟の急死にショックを受けて嘔吐し倒れてしまったと伝えられていた。

海門寺の住職の読経が響く。弔事、弔問朗読につづき、焼香が行われた。白木の棺に納められた憲開の遺骸にとりすがり号泣していた兄の憲立、さぞ無念であったろう。「誤射」といわれても兄の憲立は納得いかなかったのではないか。

憲開の棺は野口原の火葬場へと運ばれ、荼毘に付された。翌日、憲立は遺骨を抱いて船で故郷の旅順に帰って行った。旅順で本葬式を行うとのことだった。

事件後、張宗昌は警察の調べに対して、「撃ったのは自分ではなく秘書長」と人のせいにした。秘書長の徐暁楼もわざわざ大分検事局に出頭して「われ犯人なり」と申し出た。黒正検事正は「犯人は張宗昌か徐暁楼か調べなければわからない」と新聞に語っている。

実地検証は昭和園の二階八畳間の縁先で、張、徐の立ち合いのもとに行われた。結果、黒正検事正は長崎控訴検事長と協議し、張宗昌を不拘束のまま起訴することに決めたのだった。

そして事件から約一か月で結審（九月一三日）した。張は起訴されたものの誤射と認定されたのである。

張宗昌は、過失致死罪の罰金刑というものだった。罰金は三〇〇円。現在の貨幣価値では八〇万円前後か。仮に三〇〇円の支払いができなければ一五日間の懲役であったが、張は獄中に繋がれることなく、まもなく日本を後にした。罰金はすぐ支払われたわけである。もっとも張が支払ったかどうか分からない。実際は日本人の有力者の可能性も否定できない。

それから三年、張宗昌は中国の済南駅において射殺されてしまった。かつて張が処刑した国民軍の軍長・鄭金声の甥である鄭継成に拳銃で暗殺されたという。いわば仇討にあったのである。享年五一であった。

事件で使用されたモーゼル式八連発拳銃はその後どうなったのか。

争訟期間中、拳銃は大分県警別府署に保管されていたが、結審後は持ち主の張宗昌に返還された。ところがここで、憲開の実姉・川島芳子が「弟を偲ぶよすがとしたい」と申し出た。これによって拳銃は芳子の手に渡されたのだった。

モーゼル式八連発拳銃の新たな所有者は川島芳子に移った。時に一九二九（昭和四）年九月中旬のことであった。

川島芳子と山口淑子

川島芳子の名前を知る人は濱口雄幸の狙撃を知る人よりは多いと思われるが、かなり減ってはきているだろう。「東洋のマタ・ハリ」「男装の麗人」の異名をとる川島芳子は、清朝の王族として波乱万丈の人生を生き、悲劇的な最期を遂げたことで知られる。それだけでなく、日中両国でアイドル的な人気を博した存在でもあった。

川島芳子がスパイ容疑で逮捕されたニュースは、外国通信社（重慶特電・UP特約）によって日本国民に知らされた。敗戦三か月後のことであった。濱口雄幸が東京駅で狙撃された同じ日、一一月一四日（一九四五年）に、初めて日本国民に知らされたのだが、実際はこれより一月前（一〇月一〇日）に芳子は逮捕されていた。

芳子は北京の東四牌楼九条胡同三四号の自宅で、いきなり突入してきた憲兵たちに拳銃をつきつけられ、逮捕された。逮捕容疑は漢奸の罪。漢奸とは売国奴、つまりスパイ行為の反逆罪だ。芳子はそのまま北平、現在の北京の宣門外監獄女監第三号に収監された。

芳子は必死にスパイ容疑を否認してみせたが、うまくいかなかった。一説によると日本国籍があれば罪を逃れた可能性もあった。

男装姿の川島芳子

芳子を持ち出すときに必ず名前があがるのが山口淑子である。李香蘭という名前で、やはり日中にわたって活躍した女優だ。同じく戦後の中国で漢奸の罪に問われたが、淑子の場合は日本国籍（佐賀県）であった。このため「中国人として祖国を裏切った」罪を逃れたと言われている。芳子の場合は二重国籍であった。

かたや四二歳で銃殺刑。こなたテレビのワイドショーの司会者から国会議員となり、九四歳まで生きて天寿をまっとうした。戸籍が生死を分けたのである。

近年、「川島芳子は生きている」といった情報がたびたび持ち上がる。が、いずれも確たる証拠もなく、信憑性も乏しい。芳子の生存を願望するあまり、さまざまな情報が動き出し企画されるのだろう。

たしかに芳子は、あまりにミステリアスな存在であった。正確な生年月日すらはっきりとしない。さらに実母の正体もよくわからない、加えて男装の真の理由は何なのか、そして自殺未遂……と謎は多い。

ここでは川島芳子記念室設立実行委員会の作成した資料に基づく。

芳子は一九〇六年五月二四日、清帝国の皇族のひとつ粛親王の第一四王女として生まれた。中国名は愛新覚羅顕玗。一九一二年、六歳のときに、通訳である川島浪速の養女となり来日した。芳子は東京・赤羽の川島邸に住みながら豊島師範付属小学校に通った。その後、跡見女学校に入学したが途中でやめている。一九二一年、信州松本に移住し、松本高女に通った。この時、馬で通っていたことから近所では目立つ存在であったらしい。

芳子が日本で最初に住んだところは、東京府北豊島郡岩淵町字稲付である。川島浪速邸は高台に位置し、広い庭には桜の樹木が約二〇〇本、お花御殿と言われたという。門下生や書生は二〇人あまりも寄宿していたから、かなり大きな屋敷であっただろう。近くに香取神社があり、現在では北区赤羽西二丁目にあたる。

この赤羽地区で芳子とよく遊んだという人がいる。石川倫さんである。石川さんは近所の商店の娘だった。芳子は義母と買い物する姿をよく見たという。すでに故人であるが、石川さんは芳子と年齢も近かったせいか「お手玉、まり、竹馬で遊んだ。髪を洗うのは赤羽駅に隣接していた『亀の湯』を利用していた」と芳子の庶民性をも記している（石川倫『あかばね昔語り』近代文藝社）。

芳子は小学校時代と跡見女学校時代をこの赤羽地区で過ごしている。跡見女学校時代の担任の先生だった井上幸子さんの言葉が残されている。

「背は高くなく、うりざね顔で肌は白く、いかにもお姫様といった品の良さを身につけていた。声はハスキーであった」

芳子の養父、川島浪速についても簡単に述べておこう。

浪速は松本藩士の長男として大阪で生まれた。このため浪速と名づけられたという。明治八年、一家三人は東京本郷弓町に移り住んだ。浪速は御茶ノ水の東京師範付属小学校に入学している。同級生にのちの小説家・幸田露伴がいた。浪速はその後、外国語学校支那語科に入学。学生時代は吉田松陰に憧れていたという。

父が事業に失敗したが、官費生の推薦を受けてなんとか外国語学校を卒業。このためその後、国への恩返しにと国粋的な思想へと傾斜したといわれている。日清戦争時には、陸軍の通訳官をしていた。

明治三四年に北京に警務学堂が設置され、浪速は総監督に任命された。この頃より芳子の実父、粛親王と親しくなり、明治三九年には浪速と粛親王は義兄弟の誓いを交わしている。この結果、子供に恵まれない浪速は、芳子を養女に迎え入れた。

粛親王が浪速に宛てた手紙には、「君に玩具を進呈する。何卒可愛がってくれ」という内容であったという。洒落をこめて芳子を玩具と表現したのか。芳子はのちにこう日記に記している。「父、粛親王の御殿で床に臥した私は明けて翌日にはもう門司にいました。何も知らずに伴われたのでした。支那服を縮緬《ちりめん》の着物と被布に、髪もおかっぱに結いかえました」(「川島芳子の手記」『婦人公論』昭和八年九月号)。

赤羽の家から松本に引っ越したのは、一九二一年九月五日のことであった。新しい家は、松本平の浅間温泉地域であった。芳子はここから松本高等女学校(現在の長野県松本蟻ケ崎高校)に通った(二年に編入)。

細面で色白の美形。当然のことながら芳子は男たちにモテた。恋文も数多くもらったらしい。しかし親しい女友だちはなかなかできず、心配した浪速は良き女友だちを探していたところ、相応しい女性が見つかった。頭はいい。美人である。しかも良家の子女であった。この女性の美しさは、当時の新聞小説の挿絵のモデルともなったほどだ。小里文子である。家柄は代々松本市長をしていたという。芳子より二、三年長であった。たちまち芳子は文子を慕った。二人は市内の写真館でそろって記念写真をとった。写真館では二人のポートレートをショーウインドーに飾った。するとどうだろう。写真を売ってくれという若者が続出したのだった。若者は旧制松本高等学校の生徒がほとんどであった。

芳子は男たちからの恋文をすべて袖にした。無視したのだ。相次ぐ恋文を芳子は煩わしく感じたという。「男装になれば男からいい寄られる心配はない」と後日、男装になる理由を述べてはいるが、この時はむしろ、年上の文子に恋にも似た感情を持っていたらしい。この文子はのちに作家、横光利一と恋仲になったことでも知られたが、若くして肺結核で病没した(一九三八年六月)。

謎に満ちた芳子の実像

さて、愛する弟を偲んでモーゼル式八連発拳銃を手にした芳子だが、拳銃を所有していた期間は、それほど長くはなかった。

なぜ拳銃を手放したのだろうか。

芳子はかつて自殺未遂を起こしている。原因は養父・川島浪速と書生との間の軋轢に悩んで、というもの。一人の書生に言い寄られた芳子だが、二人の仲を認めない養父は書生を殴りつけた。満蒙の復辟を目論む養父は将来、芳子を蒙古の王族と結婚させるつもりだった。実際、芳子は後に蒙古の王子と結婚したが、離婚している。

「自分のために皆を心配させて申し訳ない」と置手紙を残してコトに及んだというが、幸い弾丸は的を外れ、左胸の一部を損傷しただけだった。駆けつけた医師によって応急手当がなされて事なきを得た。

しかし、これは一種のお芝居であっただろう。本当に拳銃で自殺をしたければ頭部を狙えばいい。芳子はあえて外したに違いない。

芳子の実兄で憲開の葬儀の喪主をつとめた憲立によると、自殺未遂の原因は「感情のもつれ」という言葉を残している。それ以外の事情については何も語っていない。なお、憲立は戦後、NHK国際部（中国担当）に勤務していた。

そもそも芳子の周囲は曖昧模糊とした、まるで霧が立ち込めているといった趣なのだ。たとえば、芳子の母は貧農の生まれで、当時の中国は貧しさゆえに子売り女という商売があったという。わが子を籠にいれて街を練り歩き、金持ちの目にとまると買い上げられる。芳子の母は、子売り女が三百元で粛親王に売った娘だというのである。子売り女は非常に美しかったといわれている。しかしどこまでが真実かはわからない。芳子も母親の話を避けているフシがあったから、噂が誇大化したのかもしれぬ。あるいは母親は日本女性との噂もあった。いずれも不明瞭な話ばかりだ。

加えて、芳子は小学生のころから「ウソをつく子」であった。中国と日本の間、男と女の間、虚と実をおりまぜて、まさにミステリアスな人物像を、芳子自らすすんで演出していたフシもなくはない。

その理由は明確ではないものの、過去に自殺未遂をした芳子である。何かの不安やストレスに駆られ、再び突発的に自分に向けて引き金を引きかねない。そんな恐れを感じてモーゼル式八連発拳銃を手放すことにした、と思われる。

一九二九年一二月、芳子は「お国のために使ってください」といって愛国社主宰の岩田愛之助に拳銃を渡したのだった。ということは拳銃を所有していたのは約四か月であった。岩田と芳子の関係は養父・川島浪速との繋がりである。ともに大陸浪人であり中国本土で接していたのであろう。岩田は芳子の実弟、憲開の葬儀の際もわざわざ東京から別府まで行き参列していたのは前に記した通り。

こんな記事を見つけた。岩田と芳子が大相撲の観戦に行っているのだ。五月の東京場所であった。「淡紅色友禅の振袖、赤地に金銀の縫い取りをした丸帯、文金の高島田、真っ赤な牡丹の花を描いた扇子というでたち」というから、芳子はあでやかな日本女性の姿であった。

芳子というと男装のイメージが強いけれど、時と場合によっては女装をしていたわけである。このあたりも二重国籍をあやつり、日中をまたにかけて暗躍した芳子ならではの演出術であったのだろう。

ちなみに相撲観戦では、岩田に甘える芳子の姿が目撃されていたという。

芳子の周囲はミステリアスだが、次のエピソードは信憑性が高く、芳子にとって重要な出来事であった。

一九二二(大正一一)年。実父と実母が相次いで亡くなったこの年の一〇月六日のことである。芳子、一七歳の時だった。夜九時四五分、芳子が自室で眠りに就こうとすると、廊下に人の足音がする。足音は芳子の部屋の前で停まった。するとゆっくりと襖が開く。そこに寝間着姿の養父・浪速が立っていた。

浪速は艶福家として知られていた。何人もの愛妾がいたといわれ、時に妻妾同居もしていたという色好みの人物だった。芳子は後に『婦人公論』に記している。

「川島家内のことは今も今後も口にしたくないと思います。(略)素直に話したくありません。あの一〇月六日の午後九時四五分、私が永遠に女を清算した日です」(『婦人公論』昭和一五年二月号)

やがて芳子は断髪して男装する決意をする。男装することで養父から〝女〟として迫られることを拒んだのである。

「髪を切る朝、私は日本髪を結い、裾模様を着て写真を撮っていました。午後には床屋で五分刈頭になった」(『婦人公論』昭和八年九月号)

一九二四年春のことであった。男装への決意書の一文も残されている。

「私は医者のいう第三性の生まれつきか、とても女の生きがいは渡れません。(略)女らしい真似はどうしてもできません。小さい時から男のすることがしたくてたまらなかったのです」

もっとも芳子は、多少の虚言癖もあったから、この言葉がどこまで真実かわからない。

スターから死刑囚へ

川島芳子を一躍有名にしたのは、作家の村松梢風が『婦人公論』に連載した「男装の麗人」という作品であった。

「日本軍に協力する清朝王女」という宣伝文句は、あっという間に読者の心をつかみ人気となった。まもなくこの作品は舞台化され、芸術座で公演。芳子役は水谷八重子(初代)

が演じて好評を博し、芳子は全国的なスターとなったのである。

しかしこの作品が、後に芳子がスパイ容疑で逮捕され裁判において証拠の一つとされたのは、実に皮肉なことであった。

芳子の人気をレコード会社も放っておかなかった。歌を出した。「十五夜の娘」である。さらに歌だけにとどまらず、作詞者としてもデビューしている。「キャラバンの鈴」（唄：東海林太郎）である。

芳子は男装をしているものの、女性の部分もチラつかせて男を巧みに操っていたフシもある。六歳から養女となって川島浪速の邸で過ごしたことが大きく影響しているのだろう。芳子が甘えれば大人たち、特に男はすべて受け入れてくれたハズだから。

ここに一枚の写真がある。床の間を背景に白髪の顎鬚に丸メガネをかけた老人がいる。右側に憂いを帯びた芳子が詰襟の中国服姿で座っていた。二人の前には火鉢があるから寒い時期に撮影されたものだろう。老人は頭山満であった。

頭山といえば、後に総理大臣となった犬養毅と共に大陸浪人の〝二大巨頭〟といわれた人物である。明治から昭和前期にかけて活動したアジア主義の巨頭であり、国家主義運動の草分け的存在でもあった。人脈は広く、たとえば犬養毅や広田弘毅といった歴代の総理大臣とも交友があったという。頭山は多くの著作物も残している。

川島芳子と頭山満

私の目を惹いたのは、頭山の右手の位置であった。右手は芳子の膝の上に置かれているから体が右に傾いている。芳子は頭山の右手を両手で包み込むように握りしめて自分の膝の上に乗せているのだ。

その仕草は、実に自然に見える。というより、芳子は甘えているようにさえ感じられる。芳子は若くして女を捨て、「男として生きる」と大言壮語したものの、ちゃんと女の色香を漂わせて男たちを惹きつけていたのだろう。このあたりは自己演出なのか。やはりスパイ活動の才は、あったというべきなのか。

養父の川島浪速といい、頭山満といい、大陸浪人といわれた人物は満蒙復辟を目論んでいたから、一生を清朝復興にかけた芳子とは志を共にしていたのだ。むろん岩田愛之助もしかりだ。日本側も満州国建国の国策宣伝にスター的な存在の芳子を利用したのだろう。

しかし川島芳子の夢は、はかなく潰えた。

芳子が逮捕されてから二年五か月後、一九四八年三月二五日のこと。早朝の北京で、一発の銃声が轟いた。

享年四二。遺体は川島浪速と旧知の間柄である古川大航禅師によって引きとられ、翌日午後一時半過ぎに荼毘に付された。そして芳子の遺骨は信州の養父、浪速のもとへ届けられた。現在は、松本市蟻ケ崎の正麟寺に葬られている。

芳子は獄中にいる頃、よく歌を作ったという。その一つを記してみる。

銃《つつ》を取る此の手に筆をとり戒めつ文送る身のいかで辛きぞ
芳子の遺骨が帰国した頃、日本では、一二人が青酸化合物によって殺害されるという史上稀に見る凶悪犯罪が発生し、警視庁の刑事たちは連日、必死の捜索にあたっていた。

かくしてモーゼル式八連発拳銃は、川島芳子から愛国社の岩田愛之助の手に渡り、新たなドラマを生むのであった。

第5章　流浪する拳銃

島徳一派襲撃事件

「お国のために使ってください」とモーゼル式八連発拳銃を川島芳子から譲り受けた岩田愛之助は、拳銃の管理を一番弟子の松木良勝に任せた。

やがて拳銃の出番がやってきた。一九三〇（昭和五）年の夏のこと、松木は岩田の命を受けて拳銃を事務所から持ち出し、部下十数名を引き連れてある場所へ殴り込みをかけたのだった。この殴り込みに佐郷屋が参加していたかどうかの記録はない。けれど時期的にみて佐郷屋が一緒であった可能性は高いと思われる。

殴り込みをかけたのは、銀座にあった有明館という大きな旅館であった。ターゲットはこの旅館に宿泊していた島徳蔵という人物である。通称、島徳。島徳は北浜の怪傑といわれた伝説的な相場師だ。今では島徳の名前を知る人はきわめて少ない。が、一〇年ほど前、村上ファンドが阪神電鉄の株を買い占めて話題となった折に、島徳の名前が持ち上がったことがある。島徳も阪神電鉄の株を買い占め、やがて社長にまでのぼりつめた人物だったからだ。

この島徳、日魯漁業の支配権をめぐり優良漁区奪取事件にも絡んでおり、なかなか悪知恵も発達していたらしい。なにしろ政治家を手玉にとり、財産を増やしていったのだから。その阿漕《あこぎ》な行動はマスコミからたびたび批判の的となった。ちなみに島徳の次女は、現代議士の野田聖子の祖母にあたる。

島徳の行動は、愛国社の反感を買った。彼らは島徳の所業を「非国家的な行為」だと決めつけ、島徳が上京するのを虎視眈々と狙っていたというワケであった。ところが、さすがに抜け目のない島徳は愛国社の急襲を事前にキャッチし、逃げるどころか防御を固めたのだった。黒龍会系の若い衆や出羽の海部屋を破門された元相撲取りを呼び集め、ねじり鉢巻きに六尺棒や刀剣を持ち、迎え撃つ態勢を整えたという。

なお、松木は後年、この時の様子を知人に語っているが、この知人とは前述した佐郷屋の実父が更生させた元不良少年の一人であった。戦後になって佐郷屋とまるで兄弟という間柄になっていく人物、荒原朴水氏である。

さあ、大立ち回りのはじまりか、と思いきや、勝負はあっけなくついてしまった。決め手はモーゼル式八連発拳銃であった。

松木良勝の持つ拳銃に、島徳は白旗を上げた。頭を垂れてひれ伏したのである。もっとも狡知に長けた島徳だ。多少の演技はあったのかもしれない。

「非国家的な行為」を叩きのめそうと気合十分な松木らは、出鼻をくじかれた。「悪いのはこちらではない。あの政治家です」とまるで罪を人になすりつけるような釈明をしたのである。

これを受け愛国社は、〝あの政治家〟にターゲットを変えた。むろんこの間の事情を松木は、岩田に連絡したと思われる。

再び岩田の命を受けた松木らは、その日のうちにある政治家の別荘邸に向かった。引き連れていく部下の人数を減らしたのは、目立つのを抑えたためだろう。松木ら一行は、東京駅から東海道線に乗り込んだ。

ある政治家は逗子の別荘で避暑中であった。もちろん松木の懐には、強力な味方であるモーゼル式八連発拳銃が忍ばせてあった。

ある政治家とは、当時、内閣書記官長の高橋光威だった。ところが結論から言えば、松木らの行動は失敗に終わった。なぜなら当時、逗子には宮様が避暑に来ていた関係で警備が増強されて警察官は潤沢であったこと。もう一つは島徳の連絡で、愛国社の連中が襲ってくることを事前に察知していたからだ。だから万が一に備えて警察と密な連絡をとっていたというワケである。そうとも知らずに、例の拳銃を持った松木らはノコノコと高橋の別荘邸に乗り込んで来たのだった。

これでは鴨がネギを背負っているようなもの。例の拳銃をちらつかせて居丈高に高橋光威本人の面会を求めるも、「来たか」というわけですぐさま警察官が駆け付けた。松木ら一行はびっくりして四散するしかなかった。拳銃を持っていた松木も必死に逃げた。やっとの思いで別荘邸の塀を乗り越えた。

ホッとするのも束の間、塀の下には水路が流れている。当然、水没。拳銃は水浸しであった。それでも拳銃を離さず必死に水路から這い出て逃げた。なんとか司直の手にくだることは、避けたのであった。

ともかく逃亡成功か、と思いきや、例の拳銃は案の定、水浸しだった。当然、拳銃の機能は失われ不能となってしまった。

こうして「高橋光威を叩きのめす」計画は失敗に終わった。この一件で、岩田の松木に対する信頼度は激減したと思われる。松木はダメだ。今度新しく入門してきた若い男（佐郷屋留雄）は、なかなかいい。岩田は「彼の目は普通じゃない」とぞっこんであった。

後年、岩田は一人娘の文子を松木ではなくこの若い男、佐郷屋留雄に嫁がせている。

歴代首相の女房役、高橋光威

ところで、愛国社のターゲットとなった高橋光威とはどんな人物であったのか。これが実に暗殺に縁の深い人物なのである。この高橋、仕える総理大臣が次々暗殺されているのだ。

最初に暗殺された総理大臣、原敬（一九二一年一一月四日東京駅で暗殺）の内閣書記官長であったのが、高橋である。原敬はいつ暗殺されてもいいようにと、ふだんから遺書をしたためていた。「自分の葬儀に際しては高橋光威に委員長を依頼」するほど、高橋は原敬から絶対的な信用を得ていた。原敬あるところ必ず高橋光威の姿があった、と言われ〝形影相伴〟の仲だったと、『ふだん着の原敬』（原奎一郎著、中公文庫）に記されている。したがって当然、東京駅丸の内構内で暗殺された瞬間を目撃していた。というより側近にいた。にもかかわらず総理の盾になることもできず、成す術はなかったのである。

また二・二六事件で胸に数発の弾丸を受けて暗殺された第二〇代総理の高橋是清（暗殺された当時は大蔵大臣）の書記官長をしていたこともあった。もっとも青年将校らに狙撃された当時、高橋はすでに病没していたけれど。

そして濱口雄幸狙撃事件当時も内閣書記官長だった。つまり歴代の総理の暗殺もしくは暗殺未遂となった総理大臣を支える女房役であったワケである。

総理大臣にとっては、なにやら高橋光威は凶を持った人物に思えてくるが、客観的に見ればなかなかデキる男であったらしい。であるから女房役に抜擢されたわけである。小説家の徳富蘇峰の「原さんは君（高橋光威のこと）の業績をあらかた墓の中へ持って行ってしまったね」との言葉が残されている。

作家の堺屋太一はNHKのテレビ番組で「ナンバー2の条件」について、自己顕示欲がないこと、自分の手柄を他に語らないこと、を挙げていた。すなわち匿名の情熱で自分の成果を伏せておく雅量がなければと説いていた。たとえば秀吉を支えた重臣三人のうち、軍師・黒田如水と行政経理に通じた石田三成はのちに反目し、調整役に徹した弟の秀長が没すると、秀吉の政治力はたちまち方向を失ったといわれている。

ナンバー2に徹した高橋は、一度も大臣の椅子に座ることはなかった。もともと彼は政治家希望ではなくジャーナリストであった。簡単に高橋光威の略歴を記してみよう。

生まれは新潟県北蒲原郡菅谷村（現、新発田市菅谷）。幼き頃は腕白坊主であったらしい。明治二六年に慶応大学法科を卒業した。この頃、慶応大では福沢諭吉が学生と面談し、将来の志望を聞き、助言を与えるのが習慣であった。将来の志望は事前にレポートにして福沢に提出してあった。

高橋も福沢との面談を経験した世代だ。面談で高橋が新聞記者を第一志望であると言うと、当時五九歳の福沢は言下に「何だ君、この下手くそな文章は」と高橋の書いたレポートを見てこき下ろした。筆遣いにはいささか自信のあった高橋光威は面食らってしまった、と後に語っていた。福沢にはつづけて、「新聞というものはネ、社会の木鐸といわれるものだよ。考え直した方がよかろう。顔を洗って出直せ」と真顔で言われてしまったという。

福沢が文筆に関して一家言持っていたのは、師の緒方洪庵の教えを守ったからだ。師いわく「洋書を訳すときは難解な字を使わぬこと。漢和辞典など机辺に置くとついつい難解な字を使いたくなって、読者に迷惑をかけてしまう」。

高橋はその後、福沢の言葉を叱咤激励と受け取ったのか、見事大阪日報という新聞社に就職した。この時の社長が、後の総理大臣・原敬であった。原と高橋はこの時点からの長い付き合いであり、高橋は原に引っ張られて政界入りしたわけであった。

高橋光威はかの文豪・森鷗外と浅からぬ関係でもあった。鷗外の「小倉日記」の明治三三年一一月一六日の日付で、「味爽　霙ふる　夜雨。福岡日日新聞主幹、高橋光威来リ訪ふ」と記されてある。当時、高橋光威は福岡日日新聞の主幹であったことがわかる。

鷗外は約三年の小倉時代を終えた一九〇二年三月二六日に小倉を出立するのだが、この際についても、「小倉日記」にこう記している。出立の六日前のことだった。

「二〇日　午後（略）高橋光威福岡日々新聞社の贈る所の博多織一反持ち来る」。高橋光威が鷗外に博多織一反を贈ったことがわかる。

当時、高橋は地域の開発論者であり、「工場の煤煙が鼻の穴に黒くするくらいでなければ……」と言っていたのに対し、鷗外はこの頃すでに、開発による炭鉱成金たちを称して「世の中おかしくしている」と述べている。経済発展を望むあまり理性を失っていると、鷗外は嘆いたのかもしれない。これをしも政治家と学者の思考の違いなのだろうか。

二人の関係はこれで終わったわけではなくもっと深くなる。鷗外の息子と高橋光威の妻、菊代の姪が結婚することになり姻戚関係にまで発展するのだ。

ちなみに鷗外の小倉時代に関しては謎が多く、この時期についての研究者は後を絶たないとか。松本清張の芥川賞受賞作『或る「小倉日記」伝』は、鷗外の小倉時代に材をとった名作である。

高橋光威は五・一五事件の一月前、一九三二年四月九日、急性腎臓炎のため死去した。六五歳だった。

芸者と政治屋

さて、一発も発射されずに水浸しとなったモーゼル式八連発拳銃は、すぐさまどこかに隠さねばならなかった。なぜならこの拳銃を狙う情報をキャッチしたからである。警察の家宅捜査であった。

一体、どこへ隠したらいいものやら。葵ホテルの一七号室の抽斗《ひきだし》の中に収め鍵をかけたとしても、警察はすぐに見つけてしまうだろう。この拳銃を司直に渡すわけにはいかぬ。「由緒ある」拳銃、かの清の皇族、粛親王の第一四王女、川島芳子から譲り受けたものなのである。そう易々と奪われてなるものか。

隠し場所、というか拳銃を隠してくれる人物は、愛国社の指針を尊重できること。かといって団体、組織に預けるのはまずい。ちょっとしたはずみで秘密が漏れる可能性がある。したがってあくまで個人を対象に絞った。

思いついたのはさる人だった。岩田の命を受けて松木は拳銃を懐に忍ばせ、さる人のところに出向いた。

さる人とは赤坂の芸者だった。名前をお秀といった。

赤坂の芸者

なぜお秀を選んだのか。お秀は愛国社にとって馴染みにしていた赤坂の人気芸者で、愛国社の思想を理解してくれていた。歳はそれほど若くはなく中年増といったところだが、かなりの美人であった。竹を割ったような性格で、いわば侠妓——かつて勤王の志士たちのために危険を冒しても辞さないという気概のある芸者——であったという。お秀はそんな芸者であった。

お秀は松木良勝から預かったモーゼル式八連発拳銃を自宅の箪笥《たんす》の奥に隠したのだった。

当時、芸者（芸妓）を利用する主なお客は政治家や軍人、大陸浪人それに金持ちの旦那衆と相場は決まっていた。

芸者、料亭とくればあの人物を思い出させる。かつて都知事選に立候補し落選した有田八郎である。

有田はベルギー大使、中国大使を経て一九三六年、広田弘毅内閣の外務大臣となった。その後、代議士を経て革新統一候補として都知事選にうって出た。この時、「般若苑物語」なるパンフレットが世に出まわり話題となった。般若苑とは料亭の名前で、この女将が有田の再婚相手であった。当時この料亭は白金台にあったという。結果、有田は落選した。

「般若苑物語」を作成したのは渡辺剛である。渡辺はお秀を贔屓にした一人であった。よく、お秀、松木、渡辺の三人は飲食をともにしたらしい。松木が濱口狙撃事件で拘置所に収監中、お秀と渡辺は二人の連名でたびたび差し入れをしていたという話も伝わっている。

さて、モーゼル式八連発拳銃の出番が再びやってきた。松木はお秀の自宅に預けていた拳銃をとりに行く。

「お秀さん、預けてあるピストルがちょっと必要になったんだ」と松木が言うと、「こんどはこのパチンコがお役に立ちそうですね」と言ってお秀は箪笥の抽斗から拳銃を持ち出して松木に渡した。拳銃をパチンコという隠語でお秀は言っていたのである。

松木が久しぶりに手にするモーゼル式八連発拳銃は、表面に錆が浮いていたという。これでは拳銃としての機能は果たせない。しかも弾倉には弾丸が三、四発しか残っていなかった。お秀が使ったのではなく、試し撃ち等で弾はすでに減っていたのである。

松木はお秀の自宅を辞した後、さっそく拳銃を修理に出した。修理先は日本橋の三田銃砲店だった。この店の息子が愛国社に出入りする大学生という縁からであった。

後日、拳銃が仕上がったのでとりに行き、そのまま愛国社の事務所（葵ホテル一七号室）の抽斗に拳銃を納め、鍵をかけたのだった。鍵は靴べらに紐をつけて松木がいつも保管していた。

それからまもなく、世紀の大事件が発生するのであった。

第6章　武者小路実篤と狙撃犯

「新しき村」の住人

東京・調布市の閑静な住宅街の一角に、一五〇〇坪の広さを誇る庭園がある。庭園内の池には数十匹の錦鯉がゆったりと泳いでいた。ここは作家・武者小路実篤の旧邸宅があったところ。さすがに元子爵だけに庶民とは違う、という印象だ。

庭園に隣接するのは武者小路実篤記念館であった。中に入るとすぐ右手に手形レリーフが置かれている。私は手を重ねてみたが、すっぽりと包まれてしまう。それほど大きな手だった。まるで力士のようだ。受付の女性に訊くと「ここのご主人（武者小路実篤）の手形です。心が広く大きい方だったら」と冗談を飛ばした。記念館と庭園は現在、調布市が運営している。

武者小路実篤

館内に掲示されているモノクロ写真が目についた。二人の若者が仲良く写真におさまっている。志賀直哉と武者小路実篤の若き日である。

私がなぜここに来たのか。理由は武者小路とモーゼル式八連発拳銃とが、繋がっているからだ。つまり濱口雄幸の狙撃犯と武者小路が繋がっているのである。

武者小路といえば、教科書にも載る白樺派の作家である。白樺派とは、人間の生命を謳い理想主義、人道主義、個人主義的な作品をめざして、これまでの自然主義にかわって現れた文学の一派である。志賀直哉、武者小路実篤を中心に、有島武郎、里見弴、長与善郎らがいた。多くは学習院出身の上流階級に属する作家たちであった。武者小路は「友情」「お目出たき人」「真理先生」等を発表し、六六歳の時に文化勲章を受章している。

このような武者小路が、なぜ雄幸狙撃犯・佐郷屋留雄と繋がっていたのか。武者小路実篤をしてなぜゆえに「留ちゃん」と言わしめていたのか。

この秘密を解くカギは、武者小路の小説、戯曲以外の活動に目を向けなければならない。

武者小路は文学の傍ら、ある種のユートピア建設に力を入れていた。それが「新しき村」であった。村は一九一八（大正七）年、宮崎県児湯《こゆ》郡木城町に造られた。この村に留ちゃんこと、佐郷屋留雄は暮していたのだ。事実上の村長（村ではみな平等の精神で上下関係はないことから村長は置かない）は武者小路で、村人の子供が留雄という関係であった。

ここに一枚の写真がある。村人と村長ともいうべき武者小路実篤の集合写真だ。総勢二十数名。中心にいるのは、メガネに和服姿の武者小路である。まだ三〇代後半と思われる。武者小路から向かって左に四人目の児童が留雄である。小学五、六年生ぐらいだろうか。絣の着物のようなものを着て、つば広の帽子を被っている。

この写真は濱口雄幸狙撃事件直後の大阪毎日新聞の号外（昭和五年一一月一七日付）に掲載されたもの。おそらく武者小路実篤が新聞社に供与したのか、あるいは「新しい村」の

新しき村の面々。中央「1」が武者小路実篤、左側「3」が佐郷屋留雄

村民から出たものだろう。

なぜ、この村に留雄がやってきたのか。兄の岩雄が連れてきたのである。岩雄は東京にあった築地小劇場で照明係をしていた。武者小路の戯曲「愛欲」が一九一二年七月に築地小劇場で上演（土方与志演出）された関係で、知り合いであったのかもしれぬ。ある日のこと、武者小路に「弟が父に苛められて可哀想だから」と懇願して受け入れられたのだ。

佐郷屋兄弟の両親は離婚（実際は籍を入れていなかった）し、留雄は母方に預けられたのだが、母がまもなく別の男性と結婚。留雄はやむなく父を頼った。しばらく一緒に暮らしていたものの父子関係はうまくいかなかった。留雄はこうして村の一員となった。

新しき村には子供が少なかったため、留雄は村人の大人たちから「留ちゃん、留ちゃん」と呼ばれて可愛いがられ、人気者だったらしい。

武者小路実篤の「留ちゃん」の一文から一部引用してみよう。

兄さん（筆者注：岩雄）と一緒に村にいました。留ちゃんは将来何になりたいんだと聞くと「飛行機乗りになりたい」といってました。（略）お父さんという人は当時朝鮮におりましてひどく頑固な人で留雄少年はとてもいじめられていたそうです。それも留雄君の性格的な欠点があって、それが父の叱責をうける原因になったんだと思います。村へいたころの留雄少年は普通の少年と別に変ったこともなくておとなしい子供でした。特長といえば、ちょっと乱暴なようでした。かつて村で百円札が盗まれて大騒動になったことがあります。調べてみると留雄少年の仕業でした。

ちなみに一〇〇円は現在の四〇万円ぐらいだろうか。さらに引用を続けてみよう。

留ちゃんが百円（筆者注：盗んだ金）、峠の茶屋と僕達はよんでいた処にあづけて、羊カンを食べる気持ちもわからなくはないが、それ以外に我々を笑わせたのは、その峠の茶屋にいた十三、四の女の子に留ちゃんが結婚の申し込みをして、金をやったと云ふ話だった。僕達はそれをきくと笑わないわけにはゆかなかった。（略）一五で、一二、三の女の子に結婚を申し込みすることは、憎むにはあまりに子供らしい。

（『婦人公論』昭和六年一月号「新しき村にいた『留ちゃん』」より）

留ちゃんが峠の茶屋に盗んだ一〇〇円を預けた主な理由は、当時としては貴重な羊羹を毎日食べられることであった。一〇〇円は当時、大金である。それだけに新しき村では「犯人は誰か」と大騒動となった。が、捕まえてみれば一五歳の佐郷屋留雄だった。佐郷屋が使った金は、後日兄の岩雄が工面して返済したという。

武者小路がこの「留ちゃん」を発表した時は、すでに宮崎県日向の村を出て、東京に戻っている。再婚相手を「村」で見つけて、武者小路は二度目の結婚をしたからである。

「新しき村」探訪

武者小路が力を注いだ新しき村は、突然移転しなければならなかった。水力発電の建設に伴い村がダムに沈んでしまうからであった。新しい移転先は、埼玉県毛呂山地方であった。敷地四〇〇〇坪に新しき村の建設が始まった。一九三八年のことである。

時は流れて一九七六年、武者小路が九〇歳で亡くなると、村は急速に寂れていく。一人また一人と村から出て行った。時代も大きく変わった。ユートピア建設の時代ではなくなった。

それでも新しき村は現存するという。私は出かけてみることにした。

池袋から東武東上線に乗り、坂戸で越生線に乗り換えた。ふつう埼玉県といえば、山がないイメージが強いが、車窓からは近くに山が迫っていた。ツツジの白や赤が緑の多い地域に一段と目に鮮やかであった。

最寄りの駅は、武州長瀬。駅前の交番で、「新しき村」への行き方を訊いた。若い巡査の答えは「アタラシキムラ……?　わかりません」であった。「ムシャノコウジサネアツ?　まったく知りません」だった。と、奥から五〇年配の婦人警官が現れて、行き方を教えてくれた。

いざ村に向かっていくと、道に迷ってしまった。人に尋ねたくとも人が見当たらなかった。この日は初夏の暑さであった。喉も渇く。が、自動販売機はなし。道も平坦ではなく、上がったり下がったり。わけもわからぬまま住宅地に入り込んでしまった。

と、前方に二人の女性が道端で立ち話をしていた。さっそく近寄り、尋ねてみた。するとどうであろうか。一人の五〇がらみの女性がこう言った。

「私が近くまで案内してあげましょう」と。なんと親切なこと。歩きながらこの女性は語った。

「この土地で生まれ育ちましたけど、春の時期になるといつも思うんですの。あの場所は今どうなっているかしらってね」

「あの場所とは、新しき村のこと？」

「そうです。なぜそう思うかといえばね、私が子供の頃、両親に連れられてよくあの場所に行ったからです。今でも忘れません。一面ボタンの花ざかりでとてもキレイでした。そうね、あの場所は子供にとって遊園地のようなところでしたの」と、目を細めた。

花の咲く頃になると、村のことを思い出すともつけ加えた。女性が親切にしてくれた理由がわかった。

住宅地を抜けると眼下に田園風景が広がっていた。田園の先にはこんもりとした森林が見えた。

「ほら、あの森が見えるでしょ。あそこがそうです。下におりてあぜ道を道なりに行けば新しき村に着くはずです。気をつけていってらっしゃい」と女性は言った。

前方を見ると森林は何やら世間から隔絶された印象だった。一般社会と別な世界のようでもある。今でも人は生活しているのか。新しき村は、ＩＴが発達し、二〇二〇年の東京オリンピック開催が決まった今でも果して存在しているのか……。

急こう配を降りていく。あぜ道わきに沿って小川が流れていた。なんという透明さだろうか。エビとかメダカが棲んでいるかもしれない。水音を聞きながら小さな石橋を渡った。鶯の声が聞こえてくる。長閑《のどか》だ、というより現代から隔絶された場所のようであった。さらに森林の中へ入って行く。さっきの女性の「気をつけて」という言葉が頭をよぎる。あたりを警戒しながら中へと進んで行った。人は見あたらない。なにかゴソゴソという音にビクっとしてしまった。カラスがゴミのようなものを漁っていた音だった。

さらに中へビクビクして歩を進めた。森林の中に長さ一メートルぐらいの丸太がたくさん斜めに立てかけてあった。シイタケの栽培であろうか。人の姿はなかった。入口と思われる門の横に看板が横になって置かれていたが、半ば腐っている。見ると武者小路実篤美術館の看板。右手に美術館の建物があった。

と、美術館の戸がスッと開いたからギクッとした。現れたのは老年の男性だった。この村の村民であろうか。一見、七〇前後。さっそく挨拶したあとに訊く。

「この村の村長さんというか、責任者のような人はいないのですか」

「上下関係のないのがこの新しき村の考え方ですから、村長という人はおりません。みんな同じ、平等ですから」と〝平等〟を強調した。武者小路実篤は調和社会を目指して、階級闘争のない、人はみな平等という精神に基づく理想の社会として新しき村をつくった。今でも脈々と実篤の精神は生きているということか。

「この村には現在、何人が住んでいるのですか」

「一五人前後です。ずいぶん少なくなりました。村民のほとんどが高齢者ばかりになってしまいました。わたしはもう七〇です」と苦笑いをした。

「この村の開設当時と今では状況が大きく変わっています。今でも新しき村が存在していることに正直、驚いています。今後どうするんですか」

「時代は大きく変わりました。変わりましたけど武者小路先生の、いかに生きるべきかという精神は変わりません。また今後のことはわかりません」

「武者小路さんはこの村に住まずに調布の広大な敷地に住んでいました。自分が立ち上げた理想郷の村であれば、村のみなさんと一緒に生活するのが筋ではないか、と部外者としては思うのですが」

「日向では住んでいました（著者注：実篤は六年間だけ村に住んでいた）。まあ、いろんな意見があっていいでしょう。ここでもみんな意見は違います。いくら同じ志を持って集まってきたとしても個人差がありますから、当たり前なことです」

「時代に取り残されたという気持ちはありませんか」と、いささか意地悪な質問をした。

「私は一九歳の時から五〇年間、ここに住んでいます。そんな気持ちはありません」と眉間に軽い皺をつくり不快な表情を浮かべ、さらにこう言った。

「これからもここに住みます。先生の作品はここに来てから読みはじめ勉強しました」

新しき村が時代遅れであっても、今さら村を出ていくわけにもいくまい。若くはないのだから。つまらん愚問に反省した。

「武者小路作品で好きなものは？」

「先生の作品はすべて読んでいます。一番好きな作品は『真理先生』です」

「『留ちゃん』という作品を知っていますか？」

「トメチャン？」

「新しき村に住んでいた佐郷屋留雄くんという少年の話です」

「サゴウヤトメオ、知らないなあ。まったく知りません。その少年がどうかしましたか」

「村で盗難事件がありまして、この少年が盗んだ事件です」

「子供では仕方ないじゃないですか」と村民。

この少年が長じて、総理大臣を拳銃で狙撃した、と咽まで出かかったが抑えた。たとえそう言ったとしても、この村民には嫌な思いをさせるだけだろうから。私がしばし黙っているると、村民は言葉を続けた。

「でもねえ、先ほども言いましたけど時代が変わっても先生のいう、いかに生きるべきかの精神はずっと変わりませんよ。先生の言葉を支えに、ここで生きていくだけです」

「草葉の陰の先生はきっと喜んでいるでしょう」と言うと、この村民はようやく顔を崩した。


村をさらに歩く。なかなか人と出合わない。一体、他の村民はどこで何をしているのか。やっと一人の男性を見つけた。はやり七〇前後の高齢者。元村民であった。

「今から二〇年前に村を出ました。理由は大学で勉強がしたかったからです。通信課程ですがたまに大学に行かなければいけないので村を出ました。今、なぜこの村にいるかというと、お茶の栽培をする人がいないからです。だから時間を見つけては、ここにやってきます。収穫期の時は学生アルバイトを雇いますが、収益はありません。ぎりぎりです。私は新潟の中越地方から一八歳の時にこの村に来ました。当時、武者小路先生は年に二回は必ずこの村にやってきました。一回は先生の誕生日の五月（一二日）、もう一回はこの村ができた記念日の一一月です」

「開村記念日ですか」

「はい」

「一一月のいつですか」

「一一月一四日です」

「何ですって！　もう一度言ってください」

「一一月一四日です。それがどうしましたか」

なんてこった。私は驚き、オタオタしてしまった。元村民は同じ言葉を繰り返した。

「だから、それがどうしたんですか」

「いや、ちょっと」と言って私は躊躇し言葉を濁した。まさか、モーゼル式八連発拳銃の弾丸が発射され、濱口総理の腹部に命中した日と村の開村記念日が一緒だとは、なんという偶然か。まさに武者小路実篤と佐郷屋留雄の奇妙な因縁である。

むろん佐郷屋が開村記念日に照準を合わせて狙撃しようと決めたわけでない。濱口雄幸の行動に合わせて狙撃日を決定しているのだから。ただ一一月一四日の一致というのは、驚かされてしまった。

ちなみに狙撃の年に武者小路は、後に女流作家の真杉静枝に熱っぽくこんなことを語っていたのだ。

「村ではすべての人が乳搾りの少女でありセザンヌなんですよ。つまり村人たちは労働する者であると同時に芸術家でもあるのです。皆、昼間は種を蒔き草を刈る。そして夜になるとそれぞれの芸術にいそしむ。僕は近いうちにその中からセザンヌやミレーが出てくると思っています」

それからまもなく、セザンヌやミレーが登場する代わりに総理大臣の狙撃者が出てしまったことは、武者小路先生、かなりのショックだったに違いない。

さて、新しき村の元村民の言葉を続けてみよう。

「この村にやってくる時、先生はたくさんの色紙を持ってきます。もちろん先生実筆の絵や文の色紙です。先生のありがたいお話のあとは、いつも抽選会が行われます。抽選に当たりますと色紙がもらえるんです。ほかに村に三年以上住んでいると色紙がもらえました。私が先生からもらったものは、いまでも家宝にしています。先生は画家のヴァン・ゴッホが好きでした。ゴッホの格言を書いてもらいました」

この元村民は自慢げに胸を張り、嬉しそうに目を細めた。そして色紙の文面をメモしてくれた。

人間は毅然として現実の運命に耐えていくべきだ。そこに一切の真理が潜んでいる元村民はさらに言葉を続けた。

「この村は今、一五人以下で寂《さび》れてしまいましたが、私のいた頃は六〇人住んでいました。養鶏をやってました。五万羽おりましたよ。私の担当分は七〇〇〇羽。そりゃあ猛烈に忙しかったですよ。でも若さでしたね。若さ、いや、バカさ、かな」と言って元村民は苦笑した。前歯が欠けていた。ずっと独身を通したというが、人のよさそうな実直な印象であった。

この元村民は最後にこう漏らした。

「この村はあと三年で一〇〇周年（二〇一八年一一月一四日）なんです。なんとか一〇〇周年をしたいのですが……その力がないんですね。でもがんばります」と寂しそうな顔をのぞかせた。

武者小路と佐郷屋、その理想と現実

元村民から「納骨堂を見ていってくれ」と言われた。「新しき村」で汗した村民たちの遺骨が納められているといい、武者小路実篤の遺骨も分骨されて眠っているという。

斜面を降りていくと、左手にがっしりとした木造の建物が見えてきた。納骨堂だった。

ボタンの花が咲く新しき村の内部

正面に大きな扁額が掲げられていた。男性的な太い文字で「大愛」と書いてあった。おそらく実篤の筆によるものだろう。

さらに村内を見て回った。ソーラーパネルがズラッと並んでいた。そのわきの雑草地に真っ白で大きなボタンの花が咲いていた。この村を教えてくれた女性の「子供の頃は、一面ボタンの花ざかりでとてもキレイでした」というイメージとはほど遠かった。雑草地の片隅にささやかに咲きほこっているだけだった。

武者小路は新しき村という理想郷を作り、やがて文化勲章を受章した。いわば偉い人である。だが一方で、村で知り合った女性と恋に落ち、結果妻をまじえてのドロドロした三角関係となったことは文壇では知る人ぞ知る、である。さらに別な女性を愛人とした。そして連日の愛人宅通いがマスコミにキャッチされた。ある日、愛人宅で張り込んでいたマスコミを察知した武者小路、あわてて裏から塀を乗り越え逃げようとした。その瞬間、カメラでパチリ。今ふうに言えば写真週刊誌に撮られてしまったのだ。時の大家が、まるでドロボーもどきの体たらくであったという。ちなみに愛人は、のちの女流作家・真杉静枝であった。

一丁のモーゼル式八連発拳銃をめぐった先の一つが、今の時代から取り残された異空間のような場所であった。

武者小路実篤から「将来、何になりたいの」と質問され、「飛行機乗り」と佐郷屋は応えた。大空に羽ばたきたいという憧れを抱いていたのだろう。あるいは大きく飛翔し、ビッグな人物になってやろうと大望を持っていたのかもしれない。

現実は二三歳で時の総理大臣を狙撃するという罪を犯し獄に繋がれた。恩赦により幸運にも釈放された後は、愛国社主宰者の一人娘と結婚。国粋的な思想の世界において、リーダーとしての道を進んで行く。佐郷屋にとって負の過去は、負ではなく、勲章となったといえるかもしれない。同志のメンバーから尊敬されて、やがて〝先生〟と呼ばれた。

佐郷屋は毎朝、経を唱えるのが常であったという。濱口雄幸を供養していたともいわれている。「おれは畳の上では死ねない」と言っていた。過去の負い目から少しでも逃れたいためであったのだろうか。

「畳の上で死ねない」の言葉通りとなった。なぜなら、死期が近づき、佐郷屋は「応接間に運べ」と命じたからだ。確かに畳の上では死ななかったわけだ。享年六四。

墓は、東京・永福町の築地本願寺和田掘廟所にあるという。境内に入ると桜並木のちょうど入口付近に、ズドーンと大きな墓碑が立っていた。見上げると第六一代総理大臣の佐藤栄作の墓であった。ほかには歌人・九条武子や俳人・中村汀女、戦後のスター・笠置シズ子、作曲家・服部良一の墓がこの廟所に眠っている。佐郷屋留雄の墓は、明治の作家・樋口一葉の近くだった。

思っていたより小さな墓石だった。墓石は昔風のものではなく現代風に横長であった。寺の人は「年に二回、法要をしています。私も務めさせていただいております。三〇人ぐらいの人が集まっていました」と話してくれた。墓石の周囲には、小ぶりのカエデが植えられており、落葉が散らかっていた。戒名は、淳至院釈嘉敬居士。

帰途、甲州街道をとぼとぼ歩きながら、総理を狙撃した人物が歴代総理と同じ寺にいることに、何か不思議な感じを抱いた。

最終章　拳銃の終焉

拳銃はいま、どこにあるのか

モーゼル式八連発拳銃はドイツで誕生し、さまざまな人の手を経て、第二七代内閣総理大臣・濱口雄幸の腹部に弾丸を命中させて、その役割を終えた。拳銃の機能が終焉したのである。役割を終えたこの拳銃は、争訟期間を経て警視庁に保管された。

この拳銃に纏《まつ》わる波紋の数々を辿ってきた。

ここでもう一度モーゼル式八連発拳銃の、移動の流れを簡単に振り返ってみよう。

ドイツ・モーゼル社の拳銃は、地下で製造され誕生した↓拳銃は中国大陸へ輸出された↓狗《いぬ》将軍といわれた張宗昌の手に一丁が握られる↓張宗昌は部下に命じて国民軍の軍長・鄭金声を銃殺したというが、自ら所持する拳銃で射殺した可能性あり。その後、日本に亡命↓別府市で陸軍士官学校を卒業したばかりの清帝国の皇族・粛親王の第一八王子、金憲開を誤射という名で射殺↓拳銃は一時、別府警察署に保管↓事件は結審したため、拳銃は「弟を偲ぶよすがとしたい」と「男装の麗人」川島芳子の手に↓芳子は若き日に自殺未遂をしたことがあり、不安となって拳銃を元大陸浪人の岩田愛之助へ「お国のために使って」と譲り渡す↓岩田愛之助が一番弟子の松木良勝に拳銃の管理を任せる↓松木は拳銃を携えて島徳の宿泊している銀座の旅館を襲撃。拳銃は発射されず威嚇のみ↓この日のうちに内閣官房書記長・高橋光威の逗子の別荘邸を襲撃するが失敗。発射されずに逃走する際、拳銃を水路に水没させてしまう↓警察の家宅捜査を恐れて赤坂の人気芸者お秀に拳銃を一時預ける↓松木良勝に再び拳銃が戻る↓日本橋の三田銃砲店に拳銃を修理に出す↓修理後再び松木良勝の手に↓同門の部下、佐郷屋留雄に渡す。目黒不動尊近くで暗殺リハーサルを行う↓第二七代総理大臣・濱口雄幸を東京駅で狙撃↓拳銃は所轄の日比谷警察署員から警視庁に渡り保管。

実際はもっと多くの手に渡り、もっと多くの人を傷つけ、脅し、そこには信じがたいドラマがあったかもしれぬ。

さて、モーゼル式八連発拳銃が警視庁に保管されてから実に八五年の歳月が経っている。そして今、この拳銃は果して警視庁に保管されているのだろうか……。

私は東京・京橋にある警察博物館に出かけてみた。ここには、警視庁の誕生から歴史的な資料が展示されている。事件に使用された凶器類は建物の三階に展示されていた。サーベル、刀剣類やライフル等の銃器がガラスケースに納まっている。拳銃は六丁だけだった。機種は、「ロイヤル」「自動拳銃ブローニング」「コルト」「ブルドック」「ヘイントット」そして「スミス&ウェッソン回転式拳銃」。かのモーゼル式八連発拳銃はなかった。

他の拳銃もどんな事件で使用されたのか、説明はなかった。ただ、「スミス&ウェッソン」だけには、「幕末・明治頃のもので坂本竜馬の持っていたものと同型のもの」との註釈。本物ではなかった。

係官に訊いてみた。

「濱口雄幸総理大臣が東京駅で狙撃されましたが、この時の拳銃はどこにあるのでしょうか。拳銃の種類はドイツ製のモーゼル式八連発拳銃です」

「本庁でも拳銃はいくつか展示されて、一般公開されています。でも濱口総理を狙撃した拳銃は、聞いたことがありません」との警察博物館の係官の返事であった。

とりあえず霞が関の警視庁に出かけてみた。警視庁の見学は一般に公開されている。予約をすれば誰でも見学できる。一日四回行われており、見学コースは三か所。一つはビデオで警察官の活躍ぶりを紹介。二つ目はさまざまな事件に関わった銃器類や刀剣類の展示室。そして三つ目は110番を受ける指令室だ。一八秒に一件の電話があると、婦人警察官が言っていた。

私は銃器類が展示されている二階の警察参考室に入った。五〇坪以上の広さだろうか。ここには銃器の他に刀剣類やかつての警察官の制服、帽子、さらに偽札、偽ブランド品等が陳列されていた。

拳銃は九丁だけであった。モーゼル式八連発拳銃は、なかった。参考のために展示品の拳銃を以下に記すと、ブローニング。ベレッタ。旧軍用一四年式。米軍事用コルト。スミス&ウェッソン。サウエルゾーン。ブローニング自動式。巡査のコルト自動式拳銃。それにベルギー製44口径拳銃である。これは第五代の警視総監が携帯していたもの、という註釈がついていた。

これらの拳銃はなぜか昭和三〇年前後のものばかりだった。ほとんどが暴力団関係といっていいだろう。例えば博徒抗争事件、博徒暴力事件、愚連隊暴力行為との表記なのである。

なぜ歴史的な事件に関わった拳銃は見あたらないのか。まして濱口雄幸総理大臣の狙撃に使用された拳銃なのだ。

警視庁二階の警察参考室では、歴史的事件に関するものとして二・二六事件の際、弾丸により穴が開いた黒っぽい薬缶と、五・一五事件の拳銃の弾丸五つと弾入れぐらいである。

ここでも係官に訊いてみた。すると係官はこう応えた。

「モーゼル式八連発拳銃がここにない、ということは廃棄されたと思われます」

なぜ拳銃は廃棄されたのか、明確な回答はなかった。警視庁広報課でも、「組織犯罪対策部の方の拳銃記録に（モーゼル式八連発拳銃の）記載はない」という回答だった。なぜなのか、理由についても「わからない」を繰り返すだけであった。

モーゼル式八連発拳銃は一体、どこに消えてしまったのだろうか――。

時代の波にのみ込まれた拳銃

アメリカでは、第一六代大統領のエイブラハム・リンカーンが拳銃により暗殺された。アメリカ大統領の暗殺としては初めての犠牲者であった。ちなみにこれ以後、今日まで四人の大統領が暗殺されている。

リンカーンは劇場二階の席で観劇中、後頭部を舞台俳優、ジョン・ブースによって狙撃されたのだった。一八六五年四月一四日のこと。南北戦争終結五日後のことだから北軍のリンカーンは勝利に浸りながらの観劇だった。暗殺理由は戦争終結の不満といわれている。

リンカーン暗殺に使用され拳銃は、デリンジャーという種類である。この拳銃はワシントンDCにあるフォード劇場歴史館に今でも展示され、一般に公開されているのだ。

しかし日本の警察は歴史的事件であろうとも、拳銃や刀剣等の武器の展示にはどちらかといえば消極的である。刑を終えれば、もう過去を問わないという姿勢かもしれない。たとえ残虐な殺人事件を犯したとしても、刑を無事つとめて出所すれば、実名を出さないという立場なのだ。したがって事件に関する武器を展示すれば、加害者サイドにとっては事件を蒸し返すような心理的ストレスを与えることになりかねない。言ってみれば加害者への配慮という気がしないでもない。むろん未成年ではないにもかかわらず、である。

更生への妨げとなるからという考え方かもしれない。だからして過去の事件を取材する場合でも、警察側は裁判中もしくは裁判後であれば決して加害者の実名を言わないのである。「マスコミさんが実名を出してくれるので、内心はスッキリします。でもわれわれは言えない立場なんです」という警察官の声も少なくないのだ。

どうも被害者サイドよりも加害者への気の使いように違和感を覚えるのは私だけであろうか。

ジリジリする夏の盛りにまるで夢遊病者のようにフラフラと上野の山の桜並木を歩いた。ジンジンと蝉の鳴き声が耳鳴りのように絶え間なく聴こえる。この暑さなのに人は結構多い。

と、上野の大仏の前で外国人が、さかんにカメラのシャッターを切っていた。写真に収めていたのは大仏ではなく、解説板であった。解説版にはこう記してあった。

「第二次世界大戦において金属供出令により大仏の体、脚部を国へ供出したために面部のみが残った」と。

なるほど、そうか、あの拳銃は金属供出令のために国へ供出されたのかもしれない。

戦時、武器生産に必要な金属類を全国から集めた。これは政府の要請で、例えば寺院では梵鐘、鐘楼、さらに大仏像を供出し、学校では当時のシンボルであった二宮尊徳像をも国に差し出したのである。マンホールの蓋はもちろん、各家庭でも金属類は供出した。火鉢、灰皿、鍋、釜はいうに及ばず、中には箪笥《たんす》の取っ手までも回収されたのだった。

これら供出された金属類は、戦争のために大砲や小銃に姿を変えたのである。したがってモーゼル式八連発拳銃も新しい武器に変身したのかもしれない。

日本は濱口狙撃事件の翌年に満州事変、そして次の年には五・一五事件と不穏な社会が続き、やがて二・二六事件、日中戦争から泥沼の大戦へと突き進んで行った。当時、武器の製造は必要不可欠であった。大砲、機関銃、拳銃、戦艦、戦車、戦闘機等を次々と生産せねばならなかったのだ。

終戦から七〇年。安保法案に反対するデモが都内で行われていたこの日、私はある道を歩いていた。

全長は南北に五八〇メートル。かつてこのあたりは海の近くであったが、武家屋敷が軒を連ねていた。松平家、細川家、井伊家……。今ではビルが林立し、車がひっきりなしに通る。ビルの間から西日が射しこんでくる。夕方五時半をまわっていた。昼間の猛暑からはだいぶ和らいでいたとはいえ、まだ体から汗がにじんでくる。

道の名前は、鉄砲洲通りという。名前の由来は江戸の寛永時代、このあたりで大砲の演習を行っていたこと。さらに地形が海に突き出ていて鉄砲の形に似ていたこと、と中央区郷土資料館の職員が言っていた。鉄砲洲通りは佃大橋通りを起点に歩くと鍛冶橋通りにつき当たって終点となる。

モーゼル式八連発拳銃とこの道とは、直接に関係はない。けれど鉄砲という名前に惹かれてどうしても歩いてみたかったのである。

途中に鉄砲洲児童公園があり、盆踊りの準備中であった。さらに歩くと鉄砲洲稲荷神社があった。お参りした。モーゼル式八連発拳銃の犠牲になった第二七代総理大臣・濱口雄幸、清国の皇族で粛親王の第一八王子・金憲開、国民軍の軍長、さらに諸々の人たちへ手を合わせたのだった。

鉄砲洲稲荷神社を過ぎるとまもなく終点だった。石の欄干から下をのぞけば水面が見えた。亀島川と隅田川の合流地点だった。

と、あのモーゼル式八連発拳銃の行く末が見えた気がした。供出された拳銃は、零式艦上戦闘機、いわゆるゼロ戦の翼の一部になった、かもしれない。

狙撃犯はかつて新しき村にいた頃、「大きくなったら飛行機乗りになりたい」と言っていたという。運命の綾が少し異なっていたら、同じ若者は神風特攻隊と称してゼロ戦を操縦し大空を舞い、そして機体と共に散っていったのだろうか。

エピローグ

内閣総理大臣の狙撃に使用された一丁の拳銃。グリップが小さく、手の小さなアジア人向けといわれたドイツ製拳銃。このモーゼル式八連発拳銃のもたらす波紋の数々を追ってきた。スタート地点は狙撃現場となった東京駅であった。およそ一年ぶりに再びこの東京駅にやってきた。

一丁の拳銃の運命を追跡する最中、不可思議なことの多さに驚かされた。たとえば一一月の金曜日。そろって日本の総理大臣が東京駅で襲われた。そして一一月一四日の狙撃日。この拳銃の一時所有者であった男装の麗人こと川島芳子が逮捕されて日本国民に報じられた日が、同月同日であった。さらに狙撃犯が少年時代にいた新しき村の開村記念日も同月同日だった。

加えて人の繋がりだ。目黒不動尊を軸として人の輪が集まっていたこと。何かの力によって動かされているような縁《えにし》を感じたのだった。

翻ってこの東京駅、かつて凶事が相次ぎ、脱線事故、さらに総理暗殺、暗殺未遂に遭遇したのは本文の通り。

なぜゆえに東京駅は凶事に見舞われるのか。いささか非科学的な見方だが、気になる事実があった。

それは開業時に溯らなくてはならない。今から一〇一年前のことである。辰野金吾が設計し、欧米の駅を参考にしたといわれたレンガ造りの洒落たデザインは今や歴史的な価値のある重要文化財だが、建設当時は石が足りなかった。そのためどうしたかといえば、無縁仏となった墓石を建材として使用したのであった。これは東京駅五番ホームの南の端から墓石が見つかったことでわかった。

凶事の原因は墓石だったのか――。供養しなくてはと、京都から偉いお坊さんを招き、東京駅駅長ら幹部の立ち合いのもとに御祓いを行ったという。

ことさらに非科学的なことにすがる癖はもっていないが、私は不可思議なことに驚かされたのである。

一丁の拳銃のもたらす波紋の先にはさまざまなドキュメントが見え隠れし、私はどんどんとのめり込んでいった。とくに帝銀事件の真の犯人ではないかという人物が浮上してきた瞬間、凍りつくような戦慄を覚えたものだった。折り畳まれた歴史の襞をのぞいた瞬間であった。

いま、再び朝の東京駅に目をやると、怒涛のような通勤ラッシュの波は、過去の歴史など我関せずといわんばかりの、日常の光景が広がっているのみだった。

あとがき

パリで起きた同時多発テロのニュースは、突然お茶の間に飛び込んできた。二〇一五年一一月のことであった。イスラム国（IS＝イスラミック・ステイツ）の仕業だという。フランスではいち早くテロに対して戦闘を表明。これにならってイギリス、アメリカ、ロシアも同調した。まさに世界には「凶の空気」が充満し不穏な動きとなっている。

本書を書くキッカケは、正直、安倍総理に「凶の空気」を感じたからである。ひょっとすると歴史は繰り返されるのではないか、もっと正確に言えば、凶事に見舞われるのではないかと危惧したのであった。安倍総理を取り巻く環境は決して安寧ではない。安保法案をはじめ、米軍基地移設計画をめぐって沖縄と国が対立。結果、裁判にまでもつれこむ異常事態となった。

こうした中、不穏な輩が出る可能性は否定できない。この凶の空気は、かつて感じたことがあった。まだ私が若い頃のこと。三島由紀夫にそれを感じた。その年、一九七〇年一一月二五日、市ヶ谷自衛隊駐屯地で三島は自刃した。一一月は吉田松陰が刑死された月

（一一日）。松陰を敬愛する三島が一一月にこだわるのではないか、そんな凶の空気を感じたのだった。そして予想は的中した。

だが、私は三島に感じた凶の空気を安倍総理に感じたものの、二〇一五年一一月には何も起こらなかった。幸いなことである。もっともパリでは同時多発テロが発生。警察とテロ側との銃撃戦が連日、ＮＨＫのトップニュースで伝えられていた。自動小銃を持ち、腰には拳銃を携帯する警察官の、ものものしい姿が映し出された。

拳銃は火を吹き、何人もの犠牲者を出した。当然のことながら、銃によって大きく人生を狂わされた犠牲者たちが存在する。

一丁の拳銃を軸に、拳銃による波紋の数々を追いかけてはきたが、これはほんの微々たるものに過ぎない。今の世に存在する拳銃の数は膨大であり、これらの拳銃により命を奪われ傷つき、人生を狂わされた人たちも膨大な数だろう。そしてこれまでも、いやこれからも人知れず歴史の闇に埋もれていく数は、さらに厖大なはずだ。

いつの世も平和を訴える声は絶えない。けれど残念ながら銃は火を吹くことをやめない。歴史はやはり繰り返されるのか。これをしも人間の愚かな側面であろうか……。

今回取材に応じてくれた多くの人に感謝を申し上げます。ありがとうございました。

また、共栄書房編集部佐藤恭介さんにはいろいろとお世話になり、謝意を申し上げる次第です。

二〇一五年師走

著者

参考文献・資料

『男子の本懐』（城山三郎著、新潮社）
『強く正しく明るき政治』（濱口雄幸著、春秋社）
『随感録』（濱口雄幸著、三省堂）
『国士佐郷屋嘉昭（留雄）先生とその周辺』（荒原朴水著、面影橋出版）
『大右翼史』（荒原朴水著、大日本一誠会事務局）
『濱口雄幸』（波多野勝著、中公新書）
『鉄窓十三年』（中岡艮一、近代書房）
『伊藤博文暗殺事件』（大野芳著、新潮社）
『アメリカ暗殺の歴史』（ジェームス・マッキンレー、和田敏彦訳、集英社）
『高橋光威の生涯』（高橋明雄著、大慈会原敬遺徳顕彰会）
『清朝十四王女　川島芳子の生涯』（林えり子著、ウエッジ文庫）
『評伝　川島芳子』（寺尾紗穂著、文春新書）
『真実の川島芳子』（穂苅甲子男編著、川島芳子記念室設立実行委員会）

『あかばね昔語り』（石川倫著、近代文藝社）
『わが歩みし精神医学の道』（内村祐之著、みすず書房）
『森鷗外全集』（森鷗外著、筑摩書房）
『武者小路実篤全集』（武者小路実篤著、筑摩書房）
『女文士』（林真理子著、新潮社文庫）
『死の工場　隠蔽された731部隊』（シェルダン・H・ハリス著、近藤昭二訳、柏書房）
『731部隊』（常石敬一、講談社現代新書）
『悪魔の飽食』（森村誠一、角川文庫）
『続・悪魔の飽食』（森村誠一、角川文庫）
『毒婦伝説』（大橋義輝、共栄書房）
『帝銀事件の全貌と平沢貞通』（遠藤誠、現代書館）
『小説・帝銀事件』（松本清張、講談社文庫）
『明治・大正・昭和30の「真実」』（三代史研究会、文藝春秋）
『戦後値段史年表』（週刊朝日編、朝日文庫）
『謎の毒薬』（吉永春子、講談社）
『ドイツ軍用ピストル図鑑　1901―1945』（株式会社ホビージャパン）

『現代殺人事件史』（福田洋著、石川保昌編、河出書房新社）
『毒　社会を騒がせた謎に迫る』（常石敬一著、講談社）
『下山事件　最後の証言』（柴田哲孝著、祥伝社）
『百年のあゆみ　金沢大学医学部第一内科』（金沢大学）
『武者小路実篤全集』（武者小路実篤著、新潮社）
『婦人公論』昭和六年一月号
『サンデー毎日』昭和二八年中秋特別号
『週刊朝日』昭和三〇年別冊六月号
『週刊大衆』昭和四五年一二月三一号
『日本週報　現代暗殺秘録ダイジェスト版』日本週報社
「濱口首相狙撃事件判決並に佐郷屋留特別弁護申請書写」（高知県立図書館）
「私はなぜ浜口首相を撃ったか」（佐郷屋嘉昭著、『潮』昭和四六年一一月号）
「浜口首相狙撃事件・佐郷屋留雄の動機と背後勢力について」（堀真清著、西南学院大学法学論集）
「小銃、軽機関銃、拳銃射撃教範」（陸軍令第三号、陸軍省）
「京大教授の寺宝窃盗事件」（渋谷章著、『科学朝日』一九八七年一月号）

大橋義輝（おおはし・よしてる）

ルポルタージュ作家。

東京・小岩で生まれ育つ。明治大学（文芸学科）、米国サンノゼ州立大学（ジャーナリズム学科）、中国アモイ大学（中国語）、二松学舎大学（国文学科）等で学ぶ。

元フジテレビ記者・プロデューサー。元週刊サンケイ記者。

黒澤映画のエッセイ「私の黒澤明」で最優秀賞（夕刊フジ）。

著書に『おれの三島由紀夫』（不死鳥社）、『韓国天才少年の数奇な半生』『毒婦伝説』『消えた神父を追え！』（以上、共栄書房）、『「サザエさん」のないしょ話』（データハウス）。

拳銃伝説——昭和史を撃ち抜いた一丁のモーゼルを追って

2016年1月20日　初版第1刷発行

著者 —— 大橋義輝
発行者 —— 平田　勝
発行 —— 共栄書房
〒101-0065 東京都千代田区西神田2-5-11出版輸送ビル2F
電話　03-3234-6948
FAX　03-3239-8272
E-mail　master@kyoeishobo.net
URL　http://kyoeishobo.net
振替 —— 00130-4-118277
装幀 —— 黒瀬章夫（ナカグログラフ）
印刷・製本— 中央精版印刷株式会社

ISBN978-4-7634-1068-9 C0036